KB143450

Original title: Der Holocaust by Wofgang Benz
Copyright© 2001 by Verlag C.H.Beck oHG, München, Germany

Translation copyright© 2001 by Vista Books Publishing Co.
Korean edition is published by arrangement with C.H.Beck oHG,
München, Germany through Bookmark Korea Agency, Seoul, Korea.

이 책의 한국어판 저작권은 북마크코리아 에이전시를 통한 독일 C.H.Beck 출
판사와의 독점 계약으로 '도서출판 지식의 풍경'에 있습니다. 신저작권법에 따
라 한국 내에서 보호를 받는 저작물이므로 무단 전재와 무단 복제를 금합니다.

홀로코스트

볼프강 벤츠 | 최용찬 옮김

지식의 풍경

일러두기

1. 본문의 '( )'는 저자의 설명이고, '〔 〕'는 역자의 설명이다.
2. 참고 자료인 '지도'와 '친위대의 계급 체계'는 한국어판 편집자가 추가한 것
   이다.

이 책의 의도는 사실들을 이용하여, 독자들에게 유럽 유대인에 대한 민족 학살의 날짜, 사건과 모티프 들을 알리려는 것이다. 구체적인 사실을 묘사하기에 앞서 이 자리에서는 한층 더 다양해진 홀로코스트 연구에 대한 간략한 스케치를 그려 보기로 한다.

먼저 최근의 홀로코스트 연구 가운데 주목할 만한 것은 지역 연구이다. 예전의 소비에트 연방 영토들에 관해서는 특히 많은 빈틈들이 남아 있었는데, 최근에 와서 벨로루시, 우크라이나와 발트 지역에 대한 선구적인 작업들이 나오면서 그중 몇몇 틈새가 메워지게 되었다. 앞으로는 독일 점령군이 1941~1942년 리투아니아와 라트비아에서 행한 반유대인 정책에 대해 그곳 빨치산 부대들이 자발적으로 신속한 지지를 보냈다는 점에 대한 연구가 필요하다. 그들은 친위대의 특수 부대 하에 스스로 예속되어 '보조 경찰'이나 '경비대', 경찰 분견대로서 경비 업무와 무엇보다도 '사형 집행'을 거들었다. 독일 점령군이 그곳에 토착화되어 있던 유대인에 대한 적대감을 도구화했다는 것은 예전에 점령당한 나라에서는 오늘날까지도 터부시되는 현대사의 테마에 속한다.

둘째, 유대인의 저항 문제이다. 여기서는 도덕적 주장과 사실의 학문적 증명 가능성(얼마나 많은 유대인들이 빨치산으로 투쟁했는가? 어떤 저항이 이루어질 수 있었는가? 그 저항의 중요성은 어느 정도였는가?) 간의 충돌이 여느 다른 논쟁점들에서보다도 크다. 유대인의 저항을 주변화시키는 것은 문제가 되지 않을 수도 있다. 하지만 일반적인 유대인의 저항을 투쟁 정신의 표명이라고 강변하는 것은 도덕 우위의 입장에서도 후세대들, 즉 게토의 유대인 회의나 유대인 질서 유지 담당자들, 그리고 친위대의 강요에 따라 강제 이송과 절멸을 도왔던 사람들에 대해 너무 쉽게 판단을 내리는 후세대들에게, 이데올로기적 요구들과 향수들에 이바지하지 않는 홀로코스트 연구를 [무작정] 거부하는 것과 마찬가지로 [홀로코스트 연구를] 미궁으로 빠지게 만든다.

셋째, 유대인 회의에 대한 논쟁은 아직 끝나지 않았다. 순진해서이건 아니면 책임감 때문이건, 권세욕 때문이건 아니면 유대인으로서의 정체성이 없었기 때문이건——집단 수용소의 수감자 간부들은 모두 나치의 동조자이고 협력자였다고 추정하는 것과 마찬가지로——게토에서 직위를 맡았던 모든 사람들을 닥치는 대로 고발하는 행위는 전반적으로 극복되었다. 그러나 '우지Lodz의 왕' 카임 룸코프스키, 바르샤바 게토의 유대인 장로였던 아담 체르니아코프, 테레지엔슈타트에서 배은망덕한 짓을 차례차례 저지른 야콥 에델슈타인, 파울 엡슈타인과 벤야민 무어멜슈타인의 모티프와 행위 동기에 대한 연구는 아직도 부족한 실정이다. 그것은 그들이 유대인 운명의 이념형적인 성격을 지니며, 〔게토 내에서의〕 행동반 경과 구출 전략, 그리고 생존 전략에 관한 그림을 위한 단서들을 제공해 줄 수 있기 때문에 대단히 중요하다.

넷째, 홀로코스트 연구의 또 다른 측면은 불법 하에서의 생존 이란 문제이다. 대개의 경우 이러한 생존은 비유대인들의 도움이 없이는 불가능했다. 가능한 경우라고 해도 그것은 극도로 어렵고 위험천만한 일이었다. 많은 유형의 도움들이 있었고, 그것은 시점 과 지역에 따라 현저한 차이를 보였다. 외국으로 도망할 수 있도 록 돕는 일은 가장 초기의 가능성들에 속했는데, 이것은 유대인들 과의 연대를 증명하는 것이었다. 나치 지배가 특히 점령지에서 더 오래 지속되면서부터는 유대인 은닉, 신분 위조, 유대인의 진짜 신분에 대해 누설하지 않는 것, 심지어 유대인의 목숨을 구하기 위해 정력적으로 투신하는 행위는 위험을 무릅쓴 저항적 몸짓이 되었다.

다섯째, 자서전적인 증언들을 다루는 것은 여전히 홀로코스트 연구의 중요한 분야이다. 희생자들의 자서전적인 텍스트들은, 간단한 경험 보고에 그치거나 설명되기 힘든 것을 애써 설명하려는 무익한 시도들에 그치기도 하지만, 문학적인 수준에까지 이른 우수한 작업들과 함께 대단히 크게 확대되면서 증언 문학의 한 장르를 이루게 된 반면에, 간부들, 사형 집행을 도운 사람들, 가장 넓은 의미에서의 민족 학살에 영향을 미친 사람들 쪽에서의 텍스트들은 별로 없다. 아우슈비츠의 명령권자였던 루돌프 회스의 일기가 어쨌든 유일한 것이다. 아이히만은 가해자들 중에서 예외적인 인물인데, 심지어 글을 통해 자기 자신을 묘사하려는 욕망을 여러 번 느꼈던 사람이었다. 그는 1950년대에 벌써 회고록을 썼으며, 그것은 1980년에 악명 높은 한 극우 출판사에서 출판되었다. 그는 속물 특유의 격정적인 허풍을 떨면서 자신을 명령 수령자이며 구출자가 될 수도 있었던 사람이라고 표현했다. 더욱이 민족 학살을 부정하지도 않을 만큼 대단히 교활했다. 두 번째로 아이히만은 이스라엘 감옥에 있는 동안(1960년 6월)에도 자서전적인 기록을 마무리했다. 이것은 또한 나치의 인종 정책의 도구인 한 인물의 자기 묘사이기도 했는데, 부풀린 어조로, 쾌활하게, 자기 연민에 가득 차서, 그리고 완고하게, 명령과 복종으로 이루어진 자신의 세계를 정당화한다. 그런데 아이히만의 신화는 그가 죽고 난 뒤에도 오랫동안 지속되었다. 2000년 여름, 이스라엘 국립 문서 보관소가 아이히만이 감옥에 있을 때 마감한 1,200장에 이르는 기록들을 공개하겠다고 결정했을 때 잔뜩 기대에 부풀었지만, 그 기대는 채워지지 않았다. 왜냐하면 세 번째 판에 해당하는 아이히만의 마지막 회고록도 마찬가지로 [유대인 학살과 관련된] 결정 과정들에 대해서 아무런 빛을 던져 주지 못했고, 민족 학살과 관련되어 아직도 여전히 제기되는 수수께끼 가운데 어느 것도 해결해 주지 못했으며, 결국에는 아무런 비밀도 밝혀 내지 못했기 때문이다.

여섯째, '가해자 연구'라는 표제를 달고 또 하나의 홀로코스트 연구 분과가 형성되었다. 이 분과는 (제국 보안부, 친위대의 경제와 행정 담당국, 친위대와 경찰의 고위 지휘관들 등등에 의해 현실화된) 박해 기구와 절멸 관료제의 구조, 박해 담당자의 경력, 이데올로기 너머에 있는 민족 학살의 또 다른 추동력 들을 밝히는 데 주안점을 두고 있다. 이 분야에서 역사학과 사법부는 서로서로 도움을 주고받았다. 독일(과 외국) 법정에서의 나치 폭력 행위자에 대한 수많은 재판들이 없었다면, 다른 한편으로 대사건인 뉘른베르크 주요 전범 재판 이후 곧 60년이 되는 오늘날의 경우와 같은 정도의 사실 인식과 세부적인 지식들에 다다르지도, 그리고 그것들을 자료화하지도 못했을 것이다.

　최근, 유럽 유대인들에 대한 민족 학살의 모티프와 추동력, 그리고 결정 과정을 밝히려는 욕구가 얼마나 큰지는 다니엘 골드하겐이 제공한 단순 모델〔다니엘 골드하겐은 유대인 민족 학살의 원인을 19세기 초부터 확산되기 시작한 독일의 특유한 반유대주의에서, 더욱이 그러한 '절멸적' 반유대주의를 독일 민족 전체가 함께 공유했다는 가정에서 찾는다〕을 둘러싼 논쟁에서 잘 드러났다. 젊은 미국인이 완벽한 연출을 통해 제시한 단원적인 해석에 매혹되어 속시원한 해명을 원하던 대중들은 전문 학문으로부터 등을 돌려 버렸다.

　그래서 사회 과학 쪽 일부에서는 이론 틀을 갖춘 민족 학살 설명 모델들에 대한 요구가 높아지고 있는데, 역사학에서의 홀로코스트 연구는 이것과는 일치될 수가 없다. 왜냐하면 역사학에서의 홀로코스트 연구는 유대인 학살의 일회성, 그것의 전사前史와 결정 과정, 그리고 나치 지배의 전후 맥락에 대한 설명에 아직도 오랫동안 몰두해 오고 있기 때문이다. 앞으로의 인류 범죄에 대한 진단과 예방을 모색하게 해 줄 수도 있다는 식의 제노사이드〔Genozid, 어떤 인종·민족·정치 집단을 고의적·조직적으로 학살하는 행위)의 유형화는 따라서 역사가의 일이 아니다. 홀로코스트 연구는 그러나 비교에 중점을 두는 제노사이드 연구와는 접목될 수 있을 것이다. 20세기의 헤레로 족의 절멸(1940년 헤레로 족이 서남 아프리카에 정착한 독일에 맞서 봉기를 일으키다 독일의 강경 대응으로 부족민의 다수가 학살된 사건)에 대한 연구와 함께 시작된 제노사이드 연구는, 오스만 제국의 아르메니아 인들에 대한 학살과 연관시키고, 캄보디아와 르완다, 수단과 다른 나라 들에서의 많은 참상들에 시선을 던지며, (스탈린 치하의 소비에트 연방에서 일어난 것처럼) 민간인에 대한 국가의 테러도 그 주제로 다루게 될 것이다. 이때 어떤 한 역사적 범죄를 홀로코스트의 차원과 비교하여 서열화하거나 상대화하거나 주변화하지 않는다는 의미에서 제노사이드와 테러에 대한 새로운 개념 규정이 불가피하게 될 것이다.

2002년 8월
볼프강 벤츠

홀로코스트

Paris le 2/3 1943.

Papa chéri.

Je t'écris, car nous t'avons envoyé 3 colis
que nous allons t'envoyé ~~CENSURÉ~~ à l'heure.
Dans la lettre il y aura 2 tigole pain.
Chez nous tout va très bien, nous
sommes en bonne santé, et comme
je te l'avais promis, maman a une
meilleure mine et mange bien.
Comme tu dois le savoir, il faut
déclarer les enfants juifs moins de
15 ans, c'est tordient, et il faut déclarer
tout, l'or, l'argent, les métaux, les enfants.
Samedi, nous avons été avec l'école au
musée Galliéria, voir les dessins des enfants
des prisonniers, ce n'est pas mal mais il y
a mieux. Jeudi nous allons au cinéma avec
oncle Jacques et Sonia, mais maman ne pourra
peut-être pas venir car elle une course à faire
à biatre. Samedi qui vient nous allons
au musée de l'homme, je t'écrirais ce
que j'ai vue, je reste à l'études car mes
devoirs sont trop difficile.
Je n'ai pas le temps de t'écrire plus car aujourd'hui

홀로코스트

1 조찬 회동

'암 그로센 반제'라는 조용한 저택가는 베를린의 주소들 중에서도 상당히 예쁜 이름에 속한다. 1930년대 말 '노르트하프 재단'이 이곳의 56~58번지에 자리를 잡았고, 이 저택은 친위대SS 산하 보안대SD 대원들과 그 가족들의 휴양소로 쓰일 예정이었다. 라인하르트 하이드리히가 바로 이 재단의 설립자이자 집주인이었다. 나치 국가의 제국 보안부RSHA의 부장이며 경찰 및 비밀 공작 기관의 우두머리였던 하이드리히는 나치 정권의 거물 중 한 사람이었고 어떤 제국 장관들보다 더 중요한 인물이었다. 히틀러를 제외한다면, 하이드리히는 국가 내에서 서열 제2위를 차지하던 괴링과, 자신의 직속 상관이었던 친위대 총사령관 하인리히 히믈러의 지시만을 받았다.

1941년 11월 29일, 하이드리히는 "유럽 유대인 문제의 총괄적 해결"이란 문제에 관한 "공동 회의"를 열기 위하여 몇몇 고위급 인사들을 암 그로센 반제 저택으로 초대했다. 그에 따라 원래 이 회동은 1941년 12월 9일에 열릴 계획이었으나 ("갑작스런 사건이 터져 초대된 인사들 중 몇몇이 연기를 요청해") 갑작스레 취소되었다.

1942년 1월 20일, 하이드리히는 똑같은 참석자들을 "조찬 회동"에 다시 초대했다. 당연히 행정상의 형식과 글귀로 은폐되어 있지만, 인류 역사상 가장 잔인하고 유일무이한 범죄인 유대인 민족 학살이 이날의 안건으로 상정되어 있었다. 1942년 1월 20일의 조찬 회동은 이것 때문에 늘상 잘못 이해되어, "최종 해결"——민족 학살——이 결정되는 계기로 자리매김되고 있다. 그러나 이것은 옳지 않다. 반제 회의의 분위기는 별로 극적이지 않았고, 유대인 대학살의 비극은 이미 오래전부터 현실이었다. 더군다나 수백만의 인명을 절멸하겠다는 결정은 회의 참석자들의 권한을 훨씬 넘어서는 것이기도 했다. 그럼에도 불구하고, 공식적으로 "차관 회의"라고 불리었고 역사책에는 "반제 회의"로 나오는 이 모임의 회의록은 현대사를 푸는 열쇠와 같은 자료이다. 나치 국가의 관료 행정을 담당하는 13명의 거물들이 여기에 초대받았는데, 이들은 차관 서열에 있었고, 고위 관리로서 대략 세 번째 서열의 지도자 층에 속하는 사람들이었다. 이 회의를 주관했던 하이드리히와, 회의록을 책임지고 있던 유대인 담당 부서의 부서장 아돌프 아이히만, 끝으로 지금까지도 정체가 확인되지 않고 있는 타이피스트를 합하여 모두 16명의 사람들이 그곳에 모였다.

이 관리들은 내무성, 법무성, 동부 점령 지구 담당성, 수상 비서실, 나치당 대표 비서실, 외무성, [전시 경제를 위한] 4개년 계획 담당청, 크라쿠프의 총독을 대표했다. 친위대 간부들은 독일 제국과 동부 점령지의 억압 기구(게슈타포Gestapo와 보안 경찰Sipo, 그리고 보안대)의 소속원으로 초대되었다. 눈에 띄는 것은, 유대인 강제 이송을 전담한 중요 기관이었던 교통성과 제국 철도, 유대인 약탈의 책임을 맡았던 최고 상위 기관인 재무성, 그리고 군부를 대표한 사람들이 없었다는 점이다. 그러나 이들 부서와의 공조가 벌써부터 별다른 어려움 없이 순조롭게 진행되고 있었기 때문에, 이 부서들을 대표하는 사람들이 꼭 참석해야 할 필요는 없었다. 전쟁이 시작된 이후부터 동부에서의 유대인 학살 과정에서 독일 군과 친위대 산하 특수 부대(Einsatzgruppen, 비밀 작전 등의 임무 를 수행하기 위해 친위대 각 부서에서 차출된 인원으로 구성한 특수 부대. 기동대Einsatzkommando와 특공대Sonderkommando로 조직 되었다)들은 함께 일해 왔다. 이 관료들이 '암 그로센 반제'에서 만났을 때에는 이미 친위대 특수 부대 산하의 살인 특공대Mord-kommando들이 일을 착수한 지 오래되었다.

베를린 빌라에서 열린 이날 회의의 안건은 통계상의 수치를 언급하는 추상적인 수준에 머물렀고, 라인하르트 하이드리히가 하나의 문제, 곧 "유대인 문제"와 그에 대한 궁극적인 해결책을 마 련해야 한다고 표명하면서 유럽 전역에 퍼져 있는 모두 "천백만 이상"이란 말을 언급했을 때, 이 말을 듣고 있던 사람들도 그것이 사람의 숫자를 의미한다고는 보지 않았을 것이다. 반제 빌라에 모 였던 관료들과 장교들이, 극도의 멸시와 고통에 노출되어 죽는 순 간에 신과 인간의 존엄성을 의심했을 사람들 개개인을 생각했을 리는 없다.

회의 석상에 참석한 고위 인사들은 다소 상기되었고 활발한 분위기 속에서 하이드리히의 설명을 들었으며 제안을 하기도 하 여, 다들 기분이 좋았다. 그 당시 회의 기록자이며 하이드리히의 유대인 문제 담당자였던 아돌프 아이히만은 20년 뒤에 그날의 상 황을 다음과 같이 확인했다.

여기서 전반적으로 화기애애한 분위기가 확인되었음은 물론이 거니와 완전히 예상을 뛰어넘는 것이었다. 유대인 문제의 최종 해결에 대한 요구와 관련해서는 기대치를 훨씬 넘어섰다고 말할 수 있다.

회의를 마친 고위 인사들이 아침 식사를 하고 떠날 때까지도 좋은 분위기는 지속되었다. 하이드리히는 게슈타포 국장인 뮐러와 유대인 담당 부서장인 아이히만과 함께 만족스러운 듯 뒤에 남아 있었다. 나란히 앉아 코냑을 들이키면서 하이드리히는 회의록에 기록해야 할 내용에 대한 지침을 내렸다.

차관 회의는 그다지 오래 지속되지 않았고, 기껏해야 한두 시간 남짓, 확실히 그보다 더 길지는 않았다(정확한 회의 시간은 남아 있지 않다). 아무런 이의 제기도 없었고, 활발한 토론 같은 것도 전혀 이루어지지 않았다. 그렇다면, 유럽 유대인들의 운명을 둘러싸고 관료들과 친위대 장교들 간의 극적인 싸움이나 적어도 말다툼을 기대할 수 있었을까? 1960년대 초에 예루살렘에서 열린 재판에서 심문을 받았던 아이히만이 일이 마무리된 뒤의 당시 분위기를 묘사했을 때 지적하고 싶어했던 것이 과연 이것이었을까?

긴장을 풀고 만족스러워하는 하이드리히의 태도에서 분위기가 확실히 드러났다. 분명히 그는 이 회의에서 대단히 큰 어려움에 부딪칠 것이라고 예상했었다.

1906년에 태어난 아돌프 아이히만은 유대인 학살을 담당했던 핵심 관료들 중 한 사람이다. 1932년부터 나치당원과 친위대원, 1934년부터는 히믈러 보안대의 유대인 담당자가 된 그는, 1938년 8월 빈에 '유대인 국외 이주 본부'를 조직했고, 1939년 10월에는 베를린에 '유대인 국외 이주 제국 본부'를 조직해 냈다. 이런 활동 속에서 그는 유대인 추방과 강제 이송에 관한 경험을 쌓았고, 1941년에는 이 분야에서 최고 전문가가 되었다.

친위대의 중령이면서 (유대인 문제의 처리를 담당한) 제국 보안부의 4국 B실 4과 책임자였던 아이히만은, 이스라엘에서 열린 심문 재판에서 자신은 그저 기어 장치의 작은 톱니바퀴에 불과했고, 회의록 작성을 위해 구석에 놓인 책상에 앉아 높으신 고관들이 하는 말을 귀 기울여 들으며 서류 가방이나 들고 다니던 부하였을 따름이라고 지치지 않고 자신의 결백을 주장했다. 중령 계급으로 제국 경찰청에서 유대인 업무를 전담했던 아이히만은 또, 당시 토의가 대단히 노골적인 언어로 이루어졌다고 전했다. 그래서 회의록을 위해 문구를 다듬고 "지나치게 과도한 표현", 곧 일반적인 "은어"는 유화시켜 "업무상의 용어"로 옷을 입혀야만 했다고 한다.

그럼에도 불구하고 회의록상의 해당 문구들은 친위대 국가의 언어에 익숙했던 사람들 모두에게는 아주 간단명료한 텍스트로 읽힌다. 반제 저택의 귀빈실에서 열린 차관 회의의 회의록에는, 천백만 명의 유대인에게 닥쳐올 운명이 오해의 여지 없이 예측되고 있었다. 그 회의록의 주요 부분에 따르면,

담당 부서의 관할 하에, 현재 최종 해결 도상에 있는 유대인들

을 적절한 방식으로 동부에서의 강제 노동에 투입해야만 한다. 이 대단위 작업장에 남녀 따로, 일할 능력이 있는 유대인들을 도로를 건설하는 일에 투입한다면, 많은 사람들이 자연스레 쇠약해져 쓰러질 것이 뻔하다. 만일에 끝까지 버텨 내는 사람들이 있을 경우, 그들이야말로 분명 저항력이 가장 큰 사람들이기 때문에, 그에 따른 적절한 조치가 취해져야만 한다. 자연 선택이라고 표현할 만한 이 사람들이 풀려나게 된다면, 유대인 재건을 위한 맹아로 간주될 수 있기 때문이다.

따라서 전 유럽의 모든 유대인들을 남김없이 절멸시킨다는 것은 오래전에 결정된 사항임이 공식 발표되었고, 그리고 최소한 이 회의 참석자의 절반은 대학살이 어떻게 진행되어 왔고, 또 어떻게 전개되어 갈지에 대한 아주 구체적인 구상도 가지고 있었다. 그들이 살인, 독가스, 총살이란 단어를 사용할 필요는 당연히 없었다(그들은 유대인에 대한 의도적인 절멸을 살인이라고 간주하지도 않았다). 정말로 잘 교육받은 교양 있는 사람들이었고, 또는 최소한 서열상·신분상 고위 인사였던 그들은 그야말로 국무를 처리하기 위해 모였던 것이다. "강제 이주", "최종 해결", "특별 처리", "대피"라는 말들이 무엇을 뜻하는지 그들은 정확히 알고 있었다.

하이드리히는 회의를 시작하면서 "여태까지 진행되어 온 이적들에 대한 투쟁"에 대해 개괄적으로 설명했다. 그 목표는 "독일 생활권에서 합법적인 방식으로 유대인을 청소하는 것"이었다. 더 나은 해결 가능성이 없는 상황에 직면하면서 유대인들의 국외 이주를 강행하게 되었고, 게다가 그것은 유대인의 비용으로 진행되었다고 말했다. 그 사이에 친위대 총사령관이 "동부의 가능성을 고려하여" 유대인의 국외 이주를 금지시켰다고 했다. 국가적 행위를 설명하면서 높으신 책임자이자 고위 관리인 자의 입에서 나온 "합법적"이란 기만적인 단어가 무엇을 뜻하는지 묻는 사람은 그 자리에 아무도 없었다. 법무성에서 나온 차관 롤란트 프라이슬러조차 묻지 않았다.

외무성의 대변인이자 차관보였던 마르틴 루터도 이 말이 무슨 말인지, 무슨 의도를 담고 있는지 아주 정확히 알고 있었다. 외무성은 이미 독일에 종속된 국가들, 곧 크로아티아와 슬로바키아, 루마니아와 헝가리, 불가리아의 정부들에게 압력을 행사하여 이들 영토 내의 유대인들을 박해하고 동부로 강제 이송하기 위해 독일인에게 넘겨주도록 강요했다. 1941년 10월, 심지어 외무성의 한 고위 관리는 "대사들이 요구하는 8,000명의 유대인 선동자들의 추방 문제가 현장에서 처리될 수 없는 것인지"를 살펴보려고 베오그라드로 떠났다. 일 처리가 이미 진행되고 있었던 셈이다. 1941년 10월 말, 베오그라드 근처에서 1,000명의 세르비아 유대인과 "집시들"이 총살당했다. 그리고 이것은 사실 독일군에 의해 이른바 보복 조치로 행해졌다. 책임자였던 육군 중위는 이 작전에 대해 대단히 상세하게 보고했다("총살 자체는 40분에 100명꼴로 매우 빠르게 진행된 반면, 구덩이를 파는 데 가장 많은 시간이 걸렸다." 또 "유대인의 처형이 집시들보다 한결 간단했다"). 이에 세계의 여론은 경악을 금치 못했고, 독일 사람들도 원하면 런던에서 전해지는 토마스 만의 라디오 성명을 통해 그것을 알 수가 있었다.

반제 회의가 있기 전에 하이드리히가 이미 언급했던 사항이지만, 1월 20일 반제 회의가 시작될 때 하이드리히는, "유럽 유대인 문제의 최종 해결"의 총 관할권은, 지리적 경계와 상관없이, 오로지 친위대 총사령관인 히틀러와 그의 수임자인 자신에게 있다는 점을 다시 한 번 분명히 확인했다. 하이드리히는 1941년 7월 31일에 괴링이 서명한 전권 위임장의 형태를 띤 그의 "임명장"을 복사해서 초대장에 모두 첨부했다(이 임명장은 1939년 1월에 수령된 임무를 수정, 확대한 것이다). 이 회의의 주 목적은, 회의에 참석할 고위 인사들에게 이 사실을 분명히 밝힘으로써 유대인이 없는 유럽이라는 목표를 향해 공동 노력을 기울일 때 발생할 수 있는 마찰 손실을 피해 보자는 데 있었다. 그 회의록에 따르면, "지휘선의 단일화", 곧 기본 방침 마련이 문제였고, 조직 및 기술상의 세부 사항은 문제가 되지 않았다. 이런 문제들은 연이어 열릴 회의들에서 논의하도록 하거나 개별 업무를 담당하는 곳——가령, 강제 이송 시의 수송 문제는 제국 철도——에서 곧장 처리하도록 했다.

총살은 대단히 성가시고 비용이 너무 많이 들었기 때문에, 그리고 사격수들의 신경을 너무나 혹사시켰기 때문에, 담당자들은 곧 한층 더 손쉬운 살육 방법을 모색하게 되었다. 그야말로 살인자들을 위한 한층 더 손쉬운 방법 말이다. 그래서 1941년 12월 반제 회의가 있기 직전, "가스차"가 투입되었다. 이것을 이용하면 짧은 시동만으로도 60명의 인명을 한꺼번에 죽일 수 있었다. 목격자인 한 병사는,

그들이 형무소 뜰 안으로 차를 몰고 들어왔다. 남자나 여자, 아이들 할 것 없이 감방에 있던 유대인들은 감방에서 곧바로 차에 올

라타야 했다. 나도 가스차의 내부를 잘 알고 있다. 그 차는 함석판으로 덮어씌운 뒤 각목으로 고정시켰다. 배기가스가 차 안으로 들어갔다. 유대인들이 벽을 치면서 울부짖는 소리가 아직까지도 들린다. "사랑하는 독일 사람들아, 우릴 내보내 줘."

가스차에서의 죽음은 오래 걸렸고 너무나 고통스러웠다. 그러나 살인자들은 이 방법에 대단히 만족스러워했다. 그래서 한 "가스차 감독관"은 상관에게 다음과 같이 보고했다. "예를 들어, 1941년 12월부터 투입된 3대의 차량으로 97,000명을 처리했다. 차량은 부족하지 않았다."

반제 빌라에서 토론된 것은 거의 없었다. 고위 관리들은 하이드리히가 발표하는 내용을 누구보다도 잘 이해했다. 따라서 그들이 이제까지 진행되어 온 유대인 박해에 대한 개요뿐만 아니라 계획된 나머지 프로그램들에 대해서도 대단히 큰 호응을 보였다는 것은 결코 의심의 여지가 없다. 총독 관구인 폴란드 점령 지역에서 가능한 대로 "최종 해결"을 시작하자는 크라쿠프에서 온 차관 뷜러의 제안과 마찬가지로, 몇 안 되는 구두상의 보고들도 거의 예외 없이 긴급한 사안이었다. 내무성의 차관 슈투카르트가 "인종과 이주 담당국"의 친위대 중장 호프만보다 더 많은 것을 제안했는데, 그는 강제 불임을 통해 〔독일-유대인〕 통혼Mischehe"과 혼혈아 문제를 단번에 정리하자는 요구와 함께, "혼혈아"의 강제 불임을 계속 활용할 것을 옹호했다〔미셰헤Mischehe는 종교나 민족이 다른 사람들 사이의 결혼을 말한다〕. 앞으로 "혼혈아"와 "〔독일-유대인〕 통혼"으로 맺어진 유대인 배우자를 어떻게 처리해야 하는가를 설명하면서 이날 회의 참석자들은 새로운 경지에 이르게 되었다. 여태까지 이 집단의 사람들이 여러 범주들로 나뉘어져 차별받은 것은 사실이지만, (아직은) 육체적 생존을 위협받지는 않았다. 그런데 이것은 하이드리히의 설명 이후 완전히 바뀌게 된 것이다. 유대인들의 완전한 배제를 위한 "법률적" 토대를 형성한 1935년의 뉘른베르크 법령의 확대가 논의되었다.

제한적인 보호 속에 있던 "〔독일-유대인〕 통혼" 생활자들과 그 자식들도 언젠가는 "최종 해결"에 포함시키겠다는 의도도 있었다. 이를 위해서도 누가 "유대인"이고, 누가 "독일인"인가의 규정이 필요했다. 독일 제국 내의 수만 명의 사람들과 유럽의 수십만 명의 사람들에게 닥쳐올 삶과 죽음에 대한 이러한 결정을 위해, 하이드리히는 "혼혈아 1급"은 기본적으로 유대인으로 귀속시키고, "혼혈아 2급"은 그와 달리 일반적으로 "독일 혈통"으로 구분하자고 제안했다.

예외적인 경우들이 거론되었는데, "혼혈아 1급" 유대인이 특별한 공로가 있을 경우에는 독일인과 동등해질 수가 있다고 했다. 물론 "자발적인 불임"이 그 전제 조건이었다. "혼혈아 2급"의 경우에는 반대로 "인종적으로 특히 보잘것없는 외모"를 갖춘 사람들은 유대인으로 취급된다——다시 말해, 강제 이송되어 살해된다——는 식이다.

"혼혈아"에 대한 논의가 즉각적인 결과를 가져오지는 못했지만, 이는 체포할 수 있는 모든 유대인들을 관료제를 이용하여 계획적이고 냉정하게, 계산대로 살해한 나치 정권의 단호한 무자비함을 보여 주는 것이다. 반제 회의는 전체적으로 이러한 의도에 대한 역사적 지표이다.

가스차들이 살인 특공대 부대원들의 신경을 혹사시키지 않은 것은 사실이었지만, 그 용량이 너무 작아서 민족 학살을 위한 한층 더 효과적인 방법들이 필요하게 되었다. 그러한 방법들은 1941년 9월부터 아우슈비츠 집단 수용소에서 실험되었다. 원래 살균제로 개발되어 사용되던 치클론 B가 무시무시한 살인 도구로 채택되었다. 규조토 덩어리에서 간단히, 그리고 살인자들에게는 위험없이 누출되는 청산 성분의 이 고성능 가스는, "안락사" 만행에서 장애인들을 살인하기 위해 이미 사용된 적이 있었다.

1941년 10월부터 독일 제국 철도의 강제 이송 열차들이 움직였고, 목적지는 처음에는 우지와 리가의 게토들이었고, 다음은 테레지엔슈타트와 동부의 절멸 수용소로 가는 중간 수용소들이었다. 반제 회의에서 제출된 프로그램의 상당 부분이 바로 이곳 동부의 수용소에서 실현되게 된다. 6,000,000명의 유대인들(이보다 많으면 많았지 적지는 않다)이 "유대인 문제의 최종 해결의 과정에서" 살해되었는데, 1939년에서 1941년까지 폴란드와 소비에트, 그리고 유고슬라비아 영토의 점령 동안에는 거의 공공연한 대학살로, 1941년 말에서 1944년 말까지는 특수 건축된 절멸 수용소인 헤움노(쿨름호프), 아우슈비츠-비르케나우, 베우제츠, 소비부르, 트레블링카, 루블린-마이다네크에서 점점 더 완벽한 형태로 살해되었다.

그렇다면——그 회동에서 아무것도 결정되지 않았고 그 회동이 홀로코스트의 시작도 아니었다면——1942년 1월 20일 '암 그로센 반제' 56~58번가에서는 도대체 무슨 일이 있었단 말인가? 군복을 입은 인사들과 사복을 입은 인사들은 11,000,000명의 사람에 대한 의도된 살인에 대해서 알게 되었고, 희생자 규모의 확대 가능성들에 대해 논의했다. 관료와 공무원으로서 그들은 상관의 초대에 의무적으로 응했다.

이들 고위 관리들은 "민족 학살"이란 업무를 행정 조치로 취급했다. 너무도 많은 일에 관여하고 있었기 때문에 그들은 이내 자신들이 도대체 무슨 일에 가담했는지를 잊어버렸다. 총 30부의 회의록이 작성되었는데, 1947년에 그중 하나가 나타나자, 당시로서 찾아낼 수 있었던 반제 회의 참가자들이 심문을 받았다. 프로이센 관료를 지낸 바 있는 한 유대인이 이 일을 맡게 되었는데, 예전에 그는 적시에 해외로 망명할 수 있었다. 로버트 켐프너, 그는 이제 미국 사람이 되어 뉘른베르크 군사 법정의 검사로 일했다. 반제 회의에서 4개년 계획 담당청을 대표했던 전前차관 노이만은 이 모임에 자신은 참석하지 않았다고 부인했다. 완전히 살인적인 유대인 박해에 대해 ("강제 이주"에 대한 말만 있었을 뿐) 아무것도 모른다고 주장했던 자신의 동료인 당 비서관 클로퍼처럼, 노이만도 업무상 유대인 사안에 대해 아무런 관련이 없었다고 발뺌했다. 켐프너는 노이만에게 1942년 1월 20일에 유대인들을 위해 도리어 좋은 것을 제의한 유일한 사람이 바로 그라고 지적했다. 즉, 군수 산업에 중요한 강제 노역자들의 강제 이송은 대체물이 발견된 뒤에 이루어져야 한다는 것이 바로 그의 바람이었다는 것이다.

2 독일 유대인과 나치즘

자기 이미지와 위협

나치가 정권을 넘겨받을 당시 독일 제국에는, 스스로 유대교도라 밝히고 자신을 종교적 소수파로 이해하는 사람들이 대략 500,000명(전체 인구의 0.76퍼센트) 정도가 살고 있었다. 그런데 특이한 것은, 이들 소수가 몇몇 직업, 특히 상업(중개업자와 은행업 포함), 의사와 변호사 업계, 예술과 문화 산업 분야에서 비교가 되지 않을 정도로 두각을 나타냈다는 점이다. 이것은 유대인 자신들은 직접적인 책임이 없는 오랜 과거의 사회 정치적 이유들에서 비롯되었다. 유대인 해방기의 형식적인 시민적 평등을 넘어 오랫동안 영향을 미쳐 온 사회적 차별과 함께, 전통적인 유대인 적대 행위는 그 원인이나 영향이 무엇인지에 대해 전혀 개의치 않았다. 마찬가지로 반유대주의자들에게 문화적, 종교적 소수인 독일 유대인들이 실제로 어떻게 살았는지는 그다지 중요하지 않았다. 유대인들이 모든 독일인들에게 오로지 적의를 품고 있고 고리대금과 폭리를 취하는 낯선 기생충 무리라는 식의 왜곡된 상이 자리 잡고 있었고, 이것이 바로 정치적인 도구로 이용될 수 있었던 것이다.

　나치의 선전에 나타나는 이런 식의 의식적인 풍자나 고의적인 오해에 기초하여 유대인을 구체화하는 것보다 더 나쁜 것은, 당연히 음모론들이었다. 사회적 질투를 밑바탕으로 만들어진 이 음모론들은——결코 그 수가 많지 않은——유복한 유대인들을 출발점으로 삼아 "독일인"에 맞선 "세계 유대"의 음모를 가정한 이론이다. 이것은 특별히 소시민층과 궁핍해진 중간층들에게 잘 먹혀들었는데, 왜냐하면 이것이 1923년의 인플레이션이라는 경제적 파국의 도대체 영문을 알 수 없는 원인에 대해 대단히 간결한 설명 모델을 제공해 주었기 때문이다. 1933년 4월 1일의 유대인 상점과 기업에 대한 보이콧이 있기 전날 밤, 뮌헨의 쾨니히스플라츠에서 열린 대중 집회의 성명서에 따르면, 유대인들이 "감히 독일 민족에게 전쟁을 선포했다. 유대인들은 전 세계의 자기 언론들의 도움으로 다시금 민족화된 독일에 맞선 엄청난 모략을 꾀하고 있다."

유대인들은 이중적인 충성심 속에서, 곧 일차적으로는 유대인으로 살아 왔고, 그 다음은 독일인으로 살아 왔다는 식의 독일 유대인의 현주소에 대한 또 다른 비난이 있었는데, 이는 덜 단순하기는 해도 틀린 점이 적지 않다. 독일에 사는 소수 유대인들은 동일한 확신과 행동 방식, 그리고 나치 선전에서 표현된 위협들에 대해 동일한 반응 양태를 지닌 사회적, 문화적, 정치적, 정신적으로 폐쇄된 집단이라는 주장도 역시 옳지 않다.

가장 심각한 유형의 반유대주의는 1933년 초의 "민족 중흥"과 더불어 공식적으로 지배적인 교리가 되었다. 반유대주의는 새로이 형성된 지배 〔체제〕의 공고화를 위해 이용되었고, 독일에 사는 소수 유대인들에 대한 도덕적 불신, 사회적 비방, 법적 차별을 위해 계획적으로 이용되었다. 독일 유대인 식자층은, 히틀러가 권력을 넘겨받은 뒤 몇 주 만에 독일 유대인들의 시민권과 경제적 생존이 나치에 의해 파괴될 수 있을 것이라고는 정말 생각조차 하지 않았다. 더욱이 그러한 어처구니없는 일에 대해 오로지 침묵해야 만 하리라고는 전혀 생각하지 않았다.

1933년 3월 말 나치당이 선포하고 4월 1일 실행에 옮긴 보이 콧 행동은 불길한 예감으로 몇 주를 보낸 유대인들에게 처음으로 깊은 충격을 안겨주었고, 이것은 익히 알려진 나치들의 반유대주 의 선포가 한낱 말로 끝나지 않을 것이라는 첫 신호였다. 나치당 이 유대인들과 동시에 특별한 반유대주의 의식이 없는 대다수의 비유대인들에게 (독일 유대인 조직들도 필사적으로 멀리하던) 외국 의 유대인 언론들의 "흑색 선전"을 앞으로의 공식적인 유대인 정 책의 기본 방침을 표명하는 구실로 삼기 전까지만 해도, 유대인들 은 최소한 그것이 말로 끝나기를 희망했다.

3월 말, 유대인 공무원들이 작성한 항의문들은 "우리 독일 유 대인을 상대로 제기한 무지막지한 고발"의 정중한 철회, 히틀러 정부의 유대인 정책에 대한 보도로 그런 계기를 마련해 준 외국 언론들과의 단호한 거리 두기, 그리고 분별력과 이성에 대한 호소 로 이루어져 있었다. 모든 부처의 정부 기관들, 심지어 수상 비서 실에까지 전달되었고, 유대인 언론에도 보도되었던 이 문서들은 한결같이 제1차 세계 대전에서 희생된 12,000명의 유대인에 대해 언급하고 있었다. 제1차 세계 대전 이후 설립되어 강한 민족의식 을 갖추었다고 강조해 오던 '유대인 일선 장병 제국 연맹'은, 협회 지 《방패》의 1933년 8월 특별호에서 동등한 권리를 갖는 독일 제 국의 시민으로 살 독일 유대인들의 권리를 요청했고, 1933년 10월 에는 독일이 국제 연맹에서 탈퇴하는 것에 동조한다는 애국주의 적 연설을 통해 제국 연맹의 성향을 증명하기도 했다.

　1933년 초에는 아직 유대인들의 삶의 토대가 독일에서 사라
져 버렸다는 인식이 그다지 확산되지 않았다. 보이콧 행동으로 인
한 충격이 물론 시온주의자〔서구 문화에 동화되지 않은 유대인 민족
주의자로, 이들은 구약에 나오는 고대 예루살렘의 동쪽 언덕인 시온으
로 돌아가 유대 국가를 세우려고 했다〕들의 권위를 강화시켜 놓았던
것은 사실이다. 시온주의자들은——나치 정권이 과격해지고 독일
내에서의 유대인의 상황이 위협적으로 되면 될수록 그들의 확신은 더
욱 더 큰 힘을 갖게 되었다——유대인의 자의식을 강화하여 팔레스
타인 땅에 독자적인 나라를 올바르게 건설하자고 선전했고, 이는
이미 오래 전부터의 일이었다. 유대주의를 쇄신하자는 내용의《유
대인 동향》의 주요 기사들은 이후 시온주의자가 아닌 많은 사람들
에게도 도덕적인 근거를 마련해 주었다. "유대주의에 찬성한다"는
제목에서 유대인들 사이의 연대감이 더욱 강화되었다는 것이 확
인되었다. 얼마 전까지만 해도 무심코 그냥 지나쳐 버리던 유대인
들이 서로서로 가까워지게 되었다고 한다. "유대인들은 서로를 운
명의 동지, 곧 형제로 느낀다. 유대 사람들은 다시 서로서로 이야
기할 수 있다." 이것이 독일 "유대인"은 세계관이나 정치적으로
폐쇄적인 주민 집단을 이루었다는 가정으로 나아가서는 안 된다.
그와는 정반대다. '독일 시온주의자 연합'——숫자상으로 볼 때, 이
들은 그다지 중요한 위치를 차지하지 못했다——의 추종자들은, 동
화에 뜻을 둔 거대 조직 '유대 신앙을 가진 독일 국가 시민 중앙
협회'의 이해 대변자들에게서 집단을 고립시키고 '게토로의 귀
향'을 부추긴다는 비난을 받았다.
　종교 영역에서 더 많은 대립들이 이들 (소수의) 정통파 유대인

들과 보수주의 유대인들, 그리고 종교에서 자유로운 유대인들 사이에 있었다. 대다수의 유대인들은 종교에 무관심한 사람들이었다. 많은 기독교인들과 마찬가지로 그들도 사실 겉으로는 고유 풍속을 따르고 중요한 절기를 준수했지만 그들의 일상생활은 더 이상 종교에 의해 결정되지 않았다.

그런데 외부적인 위협이 다양한 정치 노선들의 연합을 강요했다. 정치적으로는 모든 유대인 조직들을 대변하고, 문화적으로는 유대인의 자의식을 강화하고, 사회적으로는 유대인이기 때문에 도움이 필요한 모든 사람들에게 경제적인 도움을 주는 연합체를 건설하는 것이 1933년 초부터의 목표였다. 이것은 1933년 4월에 '원조와 건설을 위한 중앙 위원회'가 설립되면서 경제·사회 영역에서 시작되었다. 이 조직은 '중앙 협회', '독일 시온주의자 연합', '프로이센 유대인 공동체 동맹', '베를린 유대인 공동체', '유대인 여성 연합'과 '아구다스 지스로엘Agudas Jisroel의 정통 지방 조직'을 비롯하여 모든 주요한 유대인 조직들을 대변했다. 중앙 위원회는 저명한 랍비, 레오 베크가 위원장을 맡았는데, 그 노선은 1935년 팔레스타인으로 이주한 사무 총장 막스 크로이츠베르거, 1936년 독일에서 추방된 살로몬 아들러-루델, 그리고 1937년에 미국으로 망명한 프리드리히 브로드니츠와 같은 소장파가 결정했다. 레오 베크의 후임자인 파울 엡슈타인은 1944년 테레지엔슈타트에서 살해되었다. 1938/39년까지 존속된 이 중앙 위원회는 6년 동안 모든 생활 영역을 포괄하는 대단히 인상적인 자조 조직으로 성장했는데, 독일 제국 전역의 유대인 공동체에게 재정 지원을 받았을 뿐 아니라, '미국 합작 분배 위원회', '영국 중앙 기금'과 같은 외국의 자조 조직들에게서도 대규모 재정 지원을 받았으며, '유대인 겨울 원조'에 의해서도 그 재정이 충당되었다.

독일 유대인에 대한 경제적·사회적 차별의 심화에 대응하는 움직임이 활발했다. 뉘른베르크 법령 공포 이후에 교양과 교육 부문이 한층 더 큰 중요해지면서, 자체적인 유대인 학교를 통해 유대인 공동체 [정신]과 유대인[이라는] 자의식이 진작되었을 뿐만 아니라 실용 직업 안내와 히브리어 학습을 통한 국외 이주 능력이 양성되기도 했다. 국외 이주 준비와 국외로 이주할 마음이 있는 사람들을 돕는 일이 자연스레 큰 비중을 차지하게 되었지만, 직업 변경을 위한 조처, 곧 직장에서 쫓겨난 사람들——공공 업무와 언론 등등에서 해고된 사람들이나 끼니조차 떼울 수 없게 된 자유 직업인들——에게 앞으로의 생계를 보장해 줄 만한 대개 손 노동 지식이나 기술의 전수도 마찬가지로 큰 역할을 했다. 독일 유대인이 점차 공적인 사회 보호 시스템에서 배제되었기 때문에 복지 사업과 경제 구제를 총괄하는 일은 '원조와 건설을 위한 중앙 위원회'로 이관되어야만 했고, 그것은 또한 독일 유대인의 급증하는 궁핍화 현상에 직면하여 이루어졌다. 현금 대부, 일자리 알선, 특수 직업 집단을 위한 경제 구제, 보건 복지, 노인 복지, 치료 시설, 전쟁 희생자 복지가 가장 큰 비중을 차지하는 계획이었다. 이러한 성과들은 놀랄 만한 것들이었고, 하루하루 위협적으로 변해 가는 환경 속에서도 자주와 연대를 표명하는 것이었다.

이와 마찬가지로 대단히 놀라운 것은, 1933년 7월 중순부터 '독일 유대인 문화 연맹'이 도모한 문화와 정신생활 면에서의 노력이었다. 그 주창자인 쿠르트 징어(의사이며 음악가로 1933년 초까지 베를린 시립 오페라 하우스의 총감독을 역임했다), 젊은 영화감독 쿠르트 바우만, 음악 비평가 율리우스 바프, 그 밖의 다른 많은 사람들이 헌신적으로 운영한 이 문화 조직은, 해고된 유대인 음악가, 배우, 그 밖의 예술가들에게 일거리를 주고 관객을 동원해 주는 식으로 예술가 원조라는 사회적 기능도 담당했다. 그러나 그들 자신의 이해에 따르면, '독일 유대인 문화 연맹Kulturbund Deutscher Juden'은 (1935년부터 유대인들은 더 이상 도이치deutsch라는 이름을 쓸 수 없게 되자, 이 연맹은 '독일의 유대인 문화 연맹 제국 연합Reichsverband der Jüdischen Kulturbünde Deutschlands' 1938년부터 1941년까지는 다시 '독일의 유대인 문화 연맹Jüdischer Kulturbund in Deutschland'이라는 이름으로 불렸다) 자의식적이고 —— 적어도 정신적으로는—— 자기 확신적인 독일 유대인들의 시위였던 것이다. 문화 연맹의 짧은 역사를 거치며 겪어 온, 프로그램을 둘러싸고 벌어진 잦은 다툼에도 불구하고, 이 조직도 역시 독일 유대인의 동화를 위한 가장 중요한 보루였다.

문화 연맹은 회원 조직체였는데, 이 조직에 가입한다는 것은 독일 문화 업계에 대한 영향력 행사와 참여가 차단된 이후 많은 독일 유대인들이 일정한 형태의 문화적 공동체 생활에 참여할 수 있는 유일한 가능성이란 의미를 갖는 것이었다. 이러한 가능성은 당연히 특히 베를린과 독일 제국의 대도시들에서 제공되었다. 그리고 이 문화 연맹은 유대인들이 휴식과 위안을 찾은 하나의 문화적 게토였다.

독일 유대인이 자기를 표명하는 데에 가장 어려운 문제는, 정치 · 사회 · 종교적으로 실로 다양한 조직, 노선, 그리고 집단 들을 넘어서는 공동 조직을 건설하는 일이었다. 상황을 감안해 볼 때 시급했을 뿐만 아니라 절박하기도 했던 이 일은 마지막 순간에 와서야 완수되었다. 히틀러가 권력을 장악하기 전에 독일 유대인들이 한목소리를 낼 수 있도록 하는 연맹들과 조직들의 연합을 가로막는 장애물들이 겹겹이 쌓여 있었다. 곧, 정통파, 자유주의, 보수주의 공동체 간의 종교적인 대립들뿐만 아니라, '프로이센 유대인 공동체 동맹'의 조직 개념과 충돌했던 남부 독일의 지방 동맹들의 연방주의적 의식 또한 장애물이었다. 그리고 좀 더 작은 집단들과 분파들은 말할 것도 없고 큰 동맹들, 즉 '유대 신앙을 가진 독일 국가 시민 중앙 협회'와 '독일 시온주의자 연합', 그리고 많은 회원을 확보한 '유대인 일선 장병 제국 연맹'의 특수한 입장에 따른, 항상 격돌하는 상이한 이해들도 마찬가지로 걸림돌이 되었다.

1933년 9월, 드디어 연합은 성사되었고, 의장인 베크가 '독일 유대인 제국 대표부'의 강령을 발표했다. 그는 세 가지 과업을 본질적이라고 보았는데, 유대인 정신에 입각한 학교와 직업 교육, 경제적 생존의 보장, 그리고 독일 바깥으로의 국외 이주 장려가 그것이다.

'독일 유대인 제국 대표부'(1935년부터 '독일의 유대인 제국 대표부'로 개명)는 1938년 11월의 포그롬(Pogrom, 원래 19세기 러시아에서 일어난 유대인들에 대한 박해 사건을 지칭하던 이 말은 이후 1938년 11월 9일과 10일 나치 국가에서 일어난 유대인 박해 사건인 '제국 수정의 밤'을 가리키는 용어이다) 이후, 더 이상 자유롭게 선발되는 기구가 아니라 나치의 통치 기구에 의해 규정되고 시행된 '독일의 유대인 제국 연맹'으로 바뀌긴 했지만, 독일 유대인들의 필요를 대변해 주었다. 그러나 게슈타포가 임명한 집행부들 중에서도 (의장인 레오 베크와 함께) 1933년의 연합 당시의 4명은 남았다. 국외 이주와 체포로 축소되고 날로 새로워지는 게슈타포의 전횡에 차별받으면서도, 제국 연맹은 1943년 6월 10일까지 일했다. 바로 그날에 이 단체는 게슈타포에 의해 폐쇄되었고, 레오 베크를 비롯한 마지막 일꾼들이 테레지엔슈타트로 강제 이송되었다. 마침내, 가장 악랄한 형태의 차별이 이루어졌다. 즉, 1935년부터 독일 유대인을 대표해 온 인사들이 점차 나치의 유대인 박해에서 강제로 행정 업무를 지원하도록 악용당한 것이었다. 유대인들의 태도가 나치의 조처들을 마냥 받아들이는 것에 머물지 않은 것이 사실이지만, 자기 주장과 저항의 가능성들은 적었고, 그것마저도——비유대인들 사이에서도 연대할 마음이 사라져 버렸기 때문에——시간이 지남에 따라 계속 줄어들었던 것도 사실이다.

3 독일에서 유대인의 배제와 차별
1933~1939년

권력을 넘겨받은 지 두 달이 지난 1933년 4월에 벌써 히틀러 정부는 '공무원 복권법'을 공식 발표했다. 이 법률은 그럴싸한 이름과는 정반대되는 목적을 갖고 있었는데, 그것은 바로 정치적인 반대자들을 공직에서 제거하기 위한 지침서로 사용되었기 때문이다. 그리고 유대계 출신의 모든 관료들도 여기에 해당되었다. 게다가 '아리안 조항'은 이후에도 줄곧 직업별 연합체들과 모든 가능한 다른 조직들에도 적용되었다. 유대인들은 바로 이것을 통해 배제되었다.

마찬가지로 1933년 4월 '독일 학교와 대학교의 만원 방지법'을 통해 교육 기관에서의 유대인들의 비율이 제한되었는데, 이것이 바로 축출의 전단계였다. 1933년 10월 '편집인법'을 계기로 유대인들은 언론 직에서도 제거되었다. 1935년 5월에 모든 유대인은 국방의 의무에서도 제외되었고, 그리고 1935년 9월에는 '뉘른베르크 법령'이 공식 발표되었다. 그 법령 중 첫 번째인 '제국 시민법'은 독일 유대인을 2급 시민으로 만들어 놓았고, 다른 법령인 '독일 피와 독일 명예 수호법'은 무엇보다도 유대인과 비유대인의 결혼을 금지시켰다(혼외 성 관계는 이때부터 "인종적 수치"로 간주되어 가혹한 처벌을 받았다). 뉘른베르크 법령은 그 자체만으로도

악한 것이었지만 잇따른 차별을 위한 지침서가 되기도 했다. 무엇보다도 제국 시민법은 무수한 실행 규정들과 집행 법률들과 함께 나치 통치가 종식될 때까지 소수 유대인의 권리를 제한하는 데 번번이 이용되었다.

1936년 3월부터 아이들이 많은 유대인 가족에 대한 보조금이 사라졌고, 1936년 10월에는 유대인 교사들이 비유대인들을 상대로 개인 교습을 행하는 것이 금지되었다. 그에 따라 해당자 대부분은 공직에서 일하는 것이 금지된 이후에도 가질 수 있었던 마지막 수입원을 완전히 잃게 되었다. 1937년 4월부터는 대학에 다니는 유대인들이 박사 학위를 신청하는 것마저도 금지되었고, 1937년 9월에는 모든 유대인 의사들이 의료 보험 허가증을 상실했고, 1938년 7월에는 개인 면허, 곧 개업을 위한 허가도 금지되었고, 얼마 후 똑같은 운명이 법률 관계자나 다른 직업 집단들에게도 닥쳐왔다.

1938년 4월 말, 모든 유대인들은 사유 재산을 신고하도록 강요받았고, 5월에는 공공 수주를 받는 것에서도 배제되었다. 7월에는 유대인들을 구분하기 위한 특별 식별 카드가 도입되더니, 8월에는 사라나 이스라엘〔사라Sara는 아브라함의 아내이고 이스라엘Israel은 아브라함의 손자인 야곱의 별명이다. 따라서 사라나 이스라엘은 최초의 히브리 족장인 아브라함의 자손, 즉 유대인임을 알려주는 표시이다〕이라는 이름을 강제 추가하는 법령이 발표되었다. 10월 말에는 또 "J"라는 붉은 글자의 낙인이 유대인들의 여권에 찍히게 되었고, 11월 중순부터는 유대인 어린이들이 독일 학교에 다니는 것이 금지되었다. 이러한 조처들이 전부가 아니었고, 여기에 지방적인 차원에서 고안된 전횡들, 각종 장소 입구에 나붙은 "유대인 사절"이라는 알림판들, "아리아 인만 사용하시오"라는 글귀가 새겨진 공원 벤치들, 시립 수영장 이용 금지 등등이 첨가되었다.

나치의 통치가 시작된 지 5년 반이 지난 1938년 가을, 독일 유대인들의 생존 조건은 국가적으로 계획되고 규정된 차별 조치로 말미암아 엄청날 정도로 악화되었다. 상황이 점점 더 악화될 것이라고는 많은 사람들이 믿고 싶어하지 않았지만, 그러나 "유대인 문제의 해결"이라는 공식 발표된 위협이 실행될 일이라고 확신하는 사람들도 더러 있었다. 하지만 이미 일어난 일들 모두가 이른바 1938년 11월 9일에 발생한 일과 같이 국민의 자발적인 분노에 따른 것이라는 말은 아마도 믿지 않았다.

나치 국가의 역사에서 빈번하게 발생한 것처럼, 하나의 주변적인 계기, 곧 아주 주변적인 사건 하나가 불행한 발전의 시발이 되었다. 오스트리아가 "합병"된 뒤인 1938년 3월, 폴란드 정부는 5년 이상을 줄곧 외국에서 살았고 폴란드 국가와 접촉이 끊긴 모든 외국 거주 폴란드 인의 여권의 유효 기간을 문제 삼았다. 1938년 초에 바르샤바에서는, 오랫동안 오스트리아에 거주해 왔고 가능하다면 나치 정권 아래에서 머물고 싶어하지 않던 대략 20,000명의 폴란드 국적의 유대인들이 귀국할까 봐 우려했던 것이다.

1938년 3월 31일, 폴란드 법이 통과되었지만, 그것은 아직 어떤 경우에도 적용되지는 않았다. '뮌헨 협정'[1938년 9월 30일에 독일, 영국, 프랑스, 이탈리아가 모여 체코슬로바키아 서쪽의 주데텐란트를 독일에 합병하기로 결정한 협정] 직후의 가을인 10월 15일이 되어서야 비로소, 외국에 거주하는 폴란드 인의 여권 검사를 규정한 폴란드 법규가 공식 발표되었다. 영사관에서 발행한 모든 여권들, 다시 말해 외국에서 발행한 모든 문서들이 1938년 10월 31일부터는 폴란드 영사관에서 특별한 표식을 받는 경우에만 (여권 소지자의) 폴란드 국내 입국이 허용된다는 것이다. 이것은 독일 제국에 살고 있던 50,000명의 폴란드 유대인들(이들 중 많은 사람들은 몇 십 년 전부터 그곳에서 살았다)에게도 해당되었다. 이들 중 대다수가 10월 말경, 정확히 말해 10월 30일에 바르샤바 정부의 의도에 따라 국적 없는 사람들이 되었다. 그에 따라 독일의 제국 정부도 성가신 존재였던 동부 유대인을 동쪽 국경 너머로 더 이상 추방할 수 없게 되었는데, 폴란드가 그들을 더 이상 시민으로 인정하지 않았기 때문이었다.

베를린과 바르샤바 간의 협상이 실패로 끝나자——폴란드는 10월 31일부터 아무런 검사 표식이 없는 폴란드 여권 소지자들의 입국을 두 번씩이나 거부했다——10월 26일에 독일 외무성은 앞으로 4일 안에 모든 폴란드 유대인을 추방하는 문제를 게슈타포에게 넘겨주었다. 게슈타포는 머뭇거리지 않고 잔인무도하게 작업에 착수했다. 약 17,000명의 유대인들이 폴란드 국경으로 강제 이송되어 폴란드로 추방되었다. 폴란드가 국경을 폐쇄하자 이 불행한 사람들은 독일과 폴란드 사이의 '무인 지대'에서 이리저리 떠돌아야만 했다. 더 이상 유효하지 않은 폴란드 여권을 소지한 이들 유대인들 중에서 그륀슈판의 가족도 끼어 있었다. 헤어쉘이란 이름의 17살짜리 아들은 당시 파리에 살고 있었기 때문에 강제 이송을 피할 수 있었다. 11월 3일에 그는 누이에게서 일어난 일에 대한 설명이 덧붙여진 우편엽서를 받게 되었다.

며칠 후, 파리에 불법 체류하던 이 무국적의 소년은 사건을 저질렀는데, 그는 그 일의 차원을 결코 짐작할 수 없었을 것이다. 왜냐하면 파리 주재 독일 대사관 직원에 대한 그의 권총 암살이 포그롬의 촉발 계기가 되었고, 그 포그롬이 바로 전환점을 그었기 때문이다. 다른 사건과는 달리 나치 정권은 대단히 냉소적인 입장을 표명했고, 이제는 더 이상 법치 국가 전통의 겉치레에 아무런 가치를 두지 않았다. 언제나 나치 이데올로기의 구성 요소로 선전되어 온 반유대주의와 유대인 적대 행위가 이제는 야만적인 형태의 물리적 폭력과 박해로 돌변하였다. "제국 수정의 밤"(Reichs-kristallnacht, 1938년 11월 9일과 10일, 유대인의 집과 상점, 그리고 회당 들에 대한 나치의 파괴 행위로 깨진 유리 조각이 흩어져 있었던 데에서 비롯된 이 용어는 포그롬을 위장하려는 나치의 수사의 일종이다)은 "최종 해결", 곧 수백만 명에 이르는 전 유럽의 유대인에 대한 살인으로 가는 길의 정점이었던 것이다.

1938년 11월 포그롬은 자발적인 폭발과는 완전히 달랐고, 말하자면 국가 기관에 의해, 가장 높은 차원에서 연출된 것이었다. 11월 7일 파리 주재 독일 대사관의 외교 서기관이었던 에른스트 폼 라트를 살해한 헤어쉘 그륀슈판이 그 계기를 마련해 주었다. 자신의 행동을 통해 헤어쉘은 1938년 10월 말 폴란드 국적의 유대인을 독일에서 잔인하게 추방한 것에 항의하고자 했다. 가족의 고통이 그의 행동 동기였을 뿐 다른 것은 없었다. 그륀슈판과 폼 라트가 서로 알고 있는 사이였다거나 이 살인이 사사로운 동기에서 일어난 것이 분명하다는 식의 추정들은 증명될 수도 없고, 아무런 상관도 없는 것들이다. 이후의 사건들에 대해 결정적이었던 것은,

암살자와 희생자가 아니라 (1933년의 제국 의회 방화 사건에서처럼) 이러한 행위 뒤에 나치들에게 주어진 가능성들이다.

나치들에게 대단히 환영받은 이 행위는, 독일 제국에 반대하는 "세계 유대인"의 음모로 곧장 치부되었고, 모든 사회 및 경제계로부터 독일 유대인을 궁극적으로 축출하는 서곡으로 이용되었다. 괴벨스는 이 암살을 우선 언론의 반유대주의 선전 활동에 이용했다. 제국 전역에서 연출된 포그롬은 11월 9일 저녁, 뮌헨의 구시청에 모인 나치당의 "옛 전사들" 앞에서 행한 괴벨스의 연설이 끝나자 곧장 시작되었다. 다른 해와 마찬가지로 나치당 지도자들은 이날 뮌헨에 모여 1923년 히틀러 폭동〔1923년 11월 8~9일 히틀러가 바이마르 공화국에 대응해 일으킨 폭동으로, 뮌헨의 한 맥주집에서 봉기가 시작되어 비어홀 폭동이라고도 한다〕을 기념하려 했다. 에른스트 폼 라트가 죽었다는 소식이 전해진 것이 바로 그날 밤 9시였다. 히틀러가 자리를 빠져나간 뒤인 밤 10시경, 제국 선전부장은 나치당과 돌격대SA 지도부를 자극했고, 복수와 보복에 대해 연설했고, 이제는 그들이 행동해야 할 때라는 인상을 전달했다. 지구당 선전국을 거쳐 군 단위와 마을 단위의 당원들, 제국 전역의 돌격대원들에게, 이제 명령 형식의 전화를 통해 이러한 분위기는 계속 전달되었다. 불과 얼마 지나지 않아, 유대인 회당들이 먼저 화염에 휩싸였고, 여기저기에서 유대인들은 모욕과 조롱, 학대와 약탈을 당했다.

그러나 그것은 공공연하고 마치 자발적인 것처럼 보이는 야만적인 행위로 멈추지 않았다. 1938년 11월 9일 이후 독일 제국 전역에서 사실 상당히 좋은 형편에 있던 약 30,000명의 유대인 남자들이 체포되어 다하우, 부헨발트, 작센하우젠, 이 세 군데 집단 수용소로 강제 이송되었다. 이 일을 직접 당한 사람들에게 그 일이 과연 무슨 의미를 갖는 것인지는, 수많은 목격자들의 증언에도 불구하고, 제대로 묘사될 수 없다. 이 행위가 몇 주에 제한되어 발생했다거나 "단지" 위협과 국외 이주로의 압력 행사였을 뿐 (아직은) 유대인들의 절멸은 아니었다는 식의 발상들은, 집단 수용소 체류로 인한 시민적 생존과 여태까지의 삶의 형태의 파괴와, 희생자들의 의식상에서의 파국을 제대로 담아 내지 못하고 있다.

그다지 위험하지 않은 듯이 들리는 개념인 "제국 수정의 밤"이 의미하는 1938년 11월 9일 포그롬의 물질적인 대차 대조표는 사건이 발생한 뒤 곧장 작성되었는데, 그것은 11월 12일 베를린에서 히틀러 국가의 2인자인 헤르만 괴링이 의장을 맡은 한 회의에서 이루어졌다. 7,500개의 유대인 상점들이 파괴되었고 거의 모든 유대인 회당들이 불타거나 파괴되었다고 보고되었다(정부의 공식적인 수치에 따르면, 191개의 유대인 회당들은 화재로, 76개는 사람들의 폭력으로 소실되었다고 한다. 그러나 좀 더 최근의 연구들에서는 모두 1,000개가 넘는 유대인 회당들과 기도원들이 포그롬으로 말미암아 파괴되었다고 한다). 그리고 수백만 마르크의 가치를 갖는 쇼윈도들이 11월 10일 밤에 파괴되었다. 자살은 제외하더라도, 학대, 잔혹 행위, 자포자기에 뒤따른 살인으로 희생된 사망자 수가 수백 명에 달했다.

경제 생활로부터 유대인을 결정적으로 축출하기 위한 준비 작업들은 그 회의가 열린 시점에 벌써 마무리되었다. 즉 1938년 4월에 5,000마르크RM가 넘는 유대인 재산에 대한 고지 의무가 법적으로 규정되었고, 6월부터는 유대인이 운영하는 업체들이 쉽게 구별될 수 있도록 했는데 그 업체들의 "아리안화"를 시작하기 위해서였다. 1938년 10월 14일, 준비중인 거대한 경제와 군 무장 프로그램의 생산 목표를 다루는 한 회의에서 괴링은 "유대인 문제는 이제 모든 수단을 동원해 다루어져야만 한다. 왜냐하면 그들은 경제로부터 축출되어야 하기 때문이다"라고 밝혔다. 11월 12일 회의에서는 유대인에 대한 나치 정책의 후속 노선이 확정되었다. 이날 이후 몇 주에 걸쳐 괴벨스가 선전을 통해 이를 뒷받침했는데, 민족 의지의 완전 실행이라고 선언된 것, 곧 처음은 사유 재산 몰수, 그 다음은 게토화, 마지막으로 독일 통치권을 벗어나는 행운을 아직도 갖지 못한 독일 유대인의 강제 이송과 절멸이 그것이다. 유대인 사유 재산 몰수는 1938년 11월 10일에 이미 확정된 사항이었는데, 히틀러가 독일 경제의 완전한 '아리안화'를 결정했던 것이다. 이로 인해 발생하는 이득을 누가 챙길 것인가, 국가냐 당이냐 하는 것만이 여전히 논의의 대상이 될 따름이었다. 4개년 계획의 위임자였던 괴링이 11월 12일 회의에서 유대인의 돈으로 당의 금고를 채우기를 원했던 선전 장관 괴벨스를 상대로 승리를 획득했다. 포그롬으로 인해 발생한 피해에 대해서는 유대인들이 보상해야 한다는 것뿐만 아니라──이때 실제로 유대인들도 피해를 당했다는 것은 〔유대인이 받은〕 보험금 전액이 몰수되었음을 통해 확인되었다──독일 유대인들에 대한 "벌금" 추징에 대해서도 장관들과 관료들이 모두 동의했는데, 오랫동안의 논의 없이 벌금 액수는 10억 마르크로 정해졌다. 그러나 실제로는 최종적으로 11억 2천만 마르크였다.

먼저 모든 유대인 소매 상점들, 다음으로 공장들과 회사들에 대한 완전한 '아리안화'는, 이 지도급 인사들이 유대인을 궁극적으로 독일 사회에서 축출하고 격리시킬 조처들에 대해 논의하기 전인 11월 12일에 이미 결정난 사항이었고, 히틀러가 이미 결정한 사항이었다. 독일 숲 속 출입 금지에서부터 주차장 마련을 위한 모든 유대인 회당 철거, 전차 이용 규제들, 그리고 유대인의 공공장소 출입 금지, 중세 때처럼 특정한 복장이나 최소한 표식을 통해 유대인을 겉으로 식별하는 것(괴링은 유니폼이 좋다고 생각했다)에까지 제안들이 이루어졌다.

포그롬이 일어난 직후, 유대인의 완전한 권리 박탈은 법률들과 법령들, 명령들과 금지들로 이어지는 일련의 폭압적인 조처들에 의해 시작되었고, 이러한 제안의 대부분은 점차 실현되었다. 따라서 육체적 절멸이란 단지 1938년 11월에 의식적이고 공개적으로 나아간 길의 마지막 종착역이었을 따름이었다.

4 유대인의 국외 이주
1933~1941년

왜 유대인들은 국외 이주를 통해 적절한 때에 압제와 전횡에서 빠져나오지 못했는가라는 질문이 종종 제기된다. 독일 유대인들의 대다수는 다른 독일인들 못지 않게 문화와 향토애 면에서 깊이 결합되어 있다고 느꼈고, 따라서 국외로 이주할 의향이 별로 없었다는 점은 차지하고서라도, 국외 이주와 관련해서 대단히 많은 어려움들이 도사리고 있었다. 나치 국가는 독일 유대인의 국외 이주를 강요하면서도 저지했다. 경제에서의 축출은 한편으로 국외로 이주할 마음을 부추겼지만, 재산 몰수와 파산을 초래할 정도의 세금 징수는 다른 한편으로 국외로의 이주 가능성들을 방해했다. 궁핍한 이민자들에게 관심을 가질 이민국은 어디에도 없을 것이다. 그리고 독일에서 추방된 유대인들이 이민을 받아주는 나라에서 사회 문제가 될 것이라는 전망에서 반유대주의를 수출하려 했다는 점, 바로 여기에 나치 정권의 교활함이 있었다.

1938년 7월, 제네바 호수의 프랑스 쪽에서 국제회의가 열렸는데, 유대인의 독일로부터의 국외 이주 문제가 현안이었다. 루스벨트 대통령이 마련한 이 회의에는 32개 국가의 대표들이 참석했고, 많은 유대인 조직들의 대표들도 참여했다. 영국에 자리를 잡게 될 '망명자를 위한 국제 위원회'의 설립과, 현재의 이민 할당량이 앞으로는 완전히 제거될 것이라는 몇몇 국가들의 모호한 확약을 제외한다면, 히틀러의 통치권 밖으로 유대인들을 이주시킬 가능성의 개선과 관련된 사항은 아무것도 마련되지 않았다.

이 일을 담당한 제도적 기구는 먼저 베를린에 있던 제국 내무성의 제국 이민국이었다. 그리고 1939년 1월에는 아돌프 아이히만이 개발한 모델에 따라 오스트리아에 '유대인 국외 이주 제국본부'가 설립되었다. 이 기구는 보안 경찰의 총수였던 라인하르트 하이드리히 휘하에 있었고, 공식적으로는 제국 내무성의 관할에 속해 있었는데, 그 사무국은 사실상 게슈타포의 제2국과 동일한 것이었다.

나치 정권의 국외 이주 정책은 모순적이었고 불투명한 것이었다. 1939년 초에는 이주 압력이 강화되더니, 대대적인 이주 방해 공작이 곧장 뒤따랐고, 1941년 가을에는 이주 금지 조치가 내려졌다. 팔레스타인으로의 이주가 장려되었고, 이를 위한 자금 수송에 대한 복잡한 협상들(하바라 협약)이 있었으며, 팔레스타인으로의 불법 이주에 대한 지원이 있었다. 그와 반대로 유럽 이웃 나라로의 이주는 차단되었다. 유대인 피난민들의 첫 번째 이주 물결이 히틀러를 피해 맨 먼저 인접한 이웃 나라로 밀려갔다는 것은 분명하다. 1935년까지 국제 연맹의 신탁 통치를 받고 있던 자르 지역도 오스트리아와 체코슬로바키아와 마찬가지로 많은 피난민들에게 피난처가 되었다. 이 나라들은 솔직히 망명객들에게 스위스보다 좀 더 많은 친절을 베푼 나라들이었다. 1933/34년에 가장 중요한 망명 국가는 프랑스였다. 이곳에서의 경제 상태는 당연히 절망적인 것이었고, 새로운 생존을 향한 앞을 내다볼 수 없는 고독한

질주에 지쳐 적지 않은 유대인들이 독일로 다시 돌아왔다. 1934년 11월, 프랑스의 관련 법률은 외국인이 직업을 가질 가능성을 지속적으로 제한했고, 1935년 2월 입국이 엄청나게 힘들어진 벨기에에서도 사정은 엇비슷했다. 자그마한 나라 룩셈부르크도 1940년 5월 독일이 침공할 때까지 피난처를 제공해 주었고, 25,000명에서 30,000명 정도의 독일 유대인은 안전이 보장되지는 않았지만 네덜란드에서 목숨을 건질 수 있었다. 파쇼화된 이탈리아도 가능성을 제공해 주었는데, 그러나 사실 1938년 9월이 지나면서 독일의 압력으로 무솔리니는 점차 뉘른베르크 법령과 유사한 성격을 띤 유대인 법령을 도입했다. 〔하지만〕 이탈리아에서는──파시스트 프랑코가 통치하던 에스파냐와 사정이 비슷했는데──주민들 사이에 반유대주의적 확신이 그다지 크지 않았고, 인종 법령들은 무조건 엄격하게 준수할 목적으로 공포된 것도 아니었다.

대부분의 유럽 망명 국가들과는 달리, 마지막까지 독일의 통치 아래에 떨어지지 않았던 영국은 가장 많은 독일 유대인 망명객들을 줄곧 받아들인 나라였다. 1938년 가을까지 대략 11,000명의 유대인들이 구출되어 영국 섬으로 옮겨졌고, "제국 수정의 밤" 이후에 다시 한 번 40,000명이 들어오는 것이 허용되었다. 11월 포그롬이 일어난 직후에 제공된 재빠른 도움의 손길은 독일에서 온 유대인 아이들에게는 관대한 것이었고, 수천 명의 아이들이 어린이 수송 지원을 통해 구출될 수 있게 되었다.

가장 중요하고 가장 선호된 망명 대상국은 역시 팔레스타인과 미국이었다. 그러나 여러 가지 이유로 말미암아 그곳으로의 망명은 상당히 어려웠다. 팔레스타인은 영국의 신탁 통치령이었고, 이주를 원하던 대부분 청년인 시온주의자들은 집단적인 공동 이주를 준비해 왔지만 복잡한 쿼터 시스템에 따라 그들 중 소수만이 이주가 허용되었을 뿐이었다. 유대인 대행 기구에 의한 공식적인, 곧 합법적인 절차를 통해 1933년에서 1936년까지 최대 29,000명의 유대인들이 독일에서 팔레스타인으로 이주했고, 1937년에서 1941년까지는 약 18,000명이 더 이주했다. 그러나 불법 이주〔알리야 베트Allija Beth, 히브리어로 '올라간다'는 뜻의 알리야와 '집'이라는 뜻의 베트가 합쳐진 말로, 옛날에는 성지로 올라가는 것을 뜻했는데 오늘날에는 다른 나라 사람들이 이스라엘로 이주하는 것을 가리킬 때 쓰인다〕는 너무 위험천만한 일이었고, 고작 몇 천 명 정도만이 성공했을 따름이었다.

이민 쿼터 시스템도 미국으로 망명하려던 사람들에게 넘을 수 없는 커다란 장애물이었다. 그러나 1939년까지 연간 할당량을 다 채운 적은 한 번도 없었다. 그것은 독일에서의 외환 관리뿐만 아니라 미국 이민국의 엄격한 정책 때문이기도 했다. 1938년 11월 포그롬 이후 규제가 사실 누그러졌지만, 많은 사람들에게 너무나 때늦은 것이었다. 중부 유럽의 궁핍한 유대인들로 인한 과중한 부담을 떠맡게 될 것이라는 걱정도 있었고, 전쟁이 발발한 이후에는 피난민 물결 속에 섞여 들어오는 나치 스파이에 대한 우려도 있었다. 어떤 경우이든지 간에, 미국의 이민 허가를 받기 전에 정말 높디높은 관료제 장벽들을 넘어야만 했다. 그럼에도 불구하고, 미국이 가장 중요한 망명 국가였다는 점은 틀림없다. 130,000명이 넘는 독일과 오스트리아 유대인들이 그곳에서 피난처를 발견했다.

심각한 적응 문제들, 언어 장벽들, 직업 수준 하락, 경제적 궁핍, 실향 감정과 함께 고된 일상이 독일을 빠져나온 유대인들을 기다리고 있었고, 많은 사람들은 실제로 죽을 때까지 그런 삶을 살아야 했다. 1939년은 대대적인 이주의 해가 되었는데, 75,000명에서 80,000명의 유대인들이 더 독일로부터의 피신에 성공할 수 있었다. 1940년에는 15,000명이, 1941년에는 8,000명이 더 이주할 수 있었고, 그런 다음 1941년 10월 23일에 이주는 금지되었다. 이 시점에는 이미 민족 학살이 본궤도에 올라 있었다.

5 아리안화와 다윗 별

독일 유대인의 완전한 권리 박탈 1939~1941년

11월 포그롬이 일어난 1938년 가을까지만 해도, 대략 100,000개의 유대인 사업체 중에서 40,000개가 법적인 원소유자 손에 그대로 있었다. "아리안화"에 의해 소매 업체가 가장 큰 타격을 입었는데, 대략 50,000개의 사업체 중에서 9,000개만이 살아남았을 뿐이었다. 일자리가 없는 유대인의 숫자는 점점 증가했고, 직업 활동 금지와 재산 강제 매각으로 많은 사람들의 궁핍화가 초래되었다. 1938년 11월 12일의 '독일 경제 생활에서 유대인 축출을 위한 법률'은 어렵사리 꾸려 가던 생존마저도 완전히 파괴해 버렸다. 1939년 1월 1일부로 유대인은 소매 상점 운영도 시장이나 축제 때 상품과 수공품을 내다 파는 것도, 그리고 수공업 업체를 운영하는 것도 금지되었다.

이들 사업체들은 대개의 경우 싼값으로 비유대인 소유자의 손아귀로 넘어가든지("아리안화") 아니면 해체되었다. 이것은 여하튼 유대인 소유자들에게는 파멸을 의미하는 것이었다. 왜냐하면 그 처분금도 직접 관리할 수 없었고, 인출이 금지된 은행 계좌에 입금된 후 독일 제국에 결국 몰수되었기 때문이다. 유대인들은 사치품과 보석, 보물은 강제적으로 내다 팔아야만 했고, 이 매각은 값어치보다 훨씬 낮은 가격에서 이루어졌다. 그리고 또 유가 증권과 주식도 유대인들에게는 금지되었고, 이것들을 강제 기탁금 형태로 보관해야 했다. 유대인의 부동산도 마찬가지로 강제 아리안화되었다. 유대인 노동자들은 해고되었고, 자유 직업인들은 거의 예외 없이 직업 활동이 금지되었다. 3,152명의 의사들 중에서 709명의 의사들이 "병자 치료사"로 오로지 유대인 환자들만을 시술하는 허가를 받았지만, 그것은 언제든지 철회될 수 있었다.

관청들은 강제 노동을 명령하기 위해 독일 유대인의 궁핍화 증가를 마음껏 활용했다. '직업 소개와 실업자 보험을 위한 제국 기구' 의장은 관련된 법률을 1938년 12월 20일자로 공식 발표했다. 더 나아가 노동 능력이 있는 모든 유대인들은 차별적인 상황 아래에서 ("일반 종업원과 격리된 채") "국가 정치적으로 중요한 기획"(무엇보다도 군수 산업)에 의해 착취당했다.

11월 포그롬 이후 유대인 신문과 유대인 단체가 금지될 뿐 아니라, 유대인들의 공공 생활은 멈춰 버렸다. 남김없이 약탈당해 비참한 지경이 된 그들에게 개인적인 생존은 점차 한심한 상황 아래에서, 항상 새로운 전횡들 아래에서 이루어져야만 했다. 4월 30일 '유대인과의 임대 관련법'과 더불어 유대인 가정들을 '유대인의 집'에 공동 기숙하게 만들려는 준비 단계가 시작되었다. 수월하게 감시(그리고 나중에는 강제 이송)할 수 있는 주택으로 유대인들을 집단적으로 밀어 넣는 것이 그 의도였고, 그것은 재빨리 실현되었다. "아리아 인들"이 유대인과 함께 같은 주택에서 산다는 것은 생각할 수조차 없다는 것이 그 이유였다.

1939년 9월 1일, 전쟁이 시작되자 통금이 실시되었다. 유대인들은 여름에는 저녁 9시, 겨울에는 저녁 8시 이후에는 집 밖으로 나갈 수 없게 되었다. 9월 20일부터는 라디오 수신기를 소유하는 것도 금지되었는데, 이것은 전쟁으로 인해 불가피한 것이라고 설명했다. 마찬가지로 1940년 7월 19일 전화를 소유하는 것도 금지되었는데, 유대인은 이제 "제국의 적"으로 통했기 때문이다. 1938년 12월 초부터 이미 자동차 운전과 〔자동차, 오토바이, 트럭 등 일체의〕 차량 소유도 금지되었고, 1939년 9월부터는 특별 생필품 가게에서만 물건을 사도록 지정했고, 1940년 7월부터 베를린에 거주하는 유대인들은 오후 4시부터 5시 사이에만 생필품을 사는 것이 허용되었다(그 외에도 그들에게 주어지는 배급량은 "아리아 인"보다 훨씬 적었다). 명석한 관료들은 항상 새롭고 비열한 착상들을 내놓았다. 가령, 애완 동물을 기르거나 도서관을 이용하는 것 기타 등등이 금지되었다. 1941년 9월 1일에 유대인 식별 표시에 관한 경찰 법령이 발표되었고, 9월 15일부터 모든 유대인들은 6살부터 노란색 별표를 옷에다 꿰메 다녀야만 했다. 이와 함께 공공연한 모욕과 낙인찍기가 성행했고, 박해받는 소수에 대한 감시는 완벽해졌다. 1943년 7월 1일부터 독일 유대인들은 (제국 시민법을 위한 13차 법령을 통해) 경찰권 아래에 놓이게 되었는데, 이것은 곧 그들에게는 더 이상 법적 항변권이 없음을 의미한다. 그러나 이 시점에는 독일에 그다지 많은 유대인들이 살고 있지 않았다. 공식적으로 독일은 "유대인이 없는" 나라가 되었다. 얼마 되지 않는 이들이 불법적으로 피신했고, 다른 이들은 비유대인 배우자와의 "〔독일-유대인〕 통혼"을 통해 제공받은 불확실한 보호 아래에서 살았다. 그러나 이들은 언제나 대다수 독일 유대인들이 겪은 운명을 나눌 각오를 해야 했다.

6 동유럽 점령지의 게토들
"유대인 문제의 최종 해결"의 시작

1939년 9월 1일 잿빛 아침, 독일군은 이웃 나라인 폴란드를 침공했다. 폴란드의 육군과 공군은 눈부시게 무장한 독일군에 맞설 수가 없었고, 독일군은 국경 지역에서의 3일 간의 전투 끝에 바르샤바로 진군을 시작했다. 폴란드의 수도는 제2차 세계 대전의 첫 번째 공중 폭격의 목표가 되었다. 바르샤바의 여러 지역들이 불타올랐다. 누가 포위된 도시에서 독일의 공습을 피할 수 있었겠는가.

독일군의 폴란드 진군과 함께 반유대주의적 폭행이 동반되었는데, 군인들과 독일계 민간인들, 그리고 폴란드 인들이 여기에 가담했다. 우지 출신의 한 유대인 여자가 증언했다.

"유대인!" 어제까지만 해도 우리의 이웃이던 독일 사람들의 입에서 우리는 이런 거친 고함 소리를 들었다. 늑대들은 〔걸치고 있던〕 어린 양의 가죽을 벗었고, 그들의 이빨은 먹이를 향해 으르렁대고 있었다. 독일 청소년들은 몰래 숨어서 유대인이 지나가기만 기다렸다. 그들은 유대인들을 무자비하게 공격해서 수염을 잡아당기고 피가 날 때까지 머리카락을 끄집어 당겼다. 난폭한 스포츠에서 느낄 수 있는 사디스트적 기쁨으로 그들은 들떠 있었다. 그것이 그들의 '민족적 사명'이 되었고, 그들은 말 그대로 독일적 철저함으로 그것을 수행했다. 우리 이웃 사람 중 하나는 강제 노동을 위해 중앙 관리청 건물로 끌려갔다. 바닥 청소를 다 마치고 나자, 한 사람이 외투를 벗어서 바닥을 닦아 말리라고 명령했다. …… 그의 옷이 더러운 물로 흥건히 젖자 그때서야 비로소 일어나도 좋다고 말했다. 그런 다음 그들은 그의 머리 일부를 깎아 버리고선 거리로 내쫓았다.

그러나 이것은 겨우 시작에 불과할 뿐이었다. 1939년 9월 21일 게슈타포와 보안 경찰의 총수였던 라인하르트 하이드리히는 폴란드 점령지에 투입된 특수 부대의 지휘관들에게 지령을 내렸는데, 여기서 "유대인 문제의 최종 해결"의 단계들과 방법들을 추정할 수 있다.

계획된 조치들은 기술적 측면뿐만 아니라 경제적 측면에서도 대단히 주도면밀하게 준비해야 한다. …… 궁극적인 목표를 위한 첫 번째 선행 조처는 지방에 흩어져 있는 유대인들을 큰 도시들에 집단 수용하는 것이다. 이것은 신속하게 실행해야 한다. …… 이때 집단 수용 장소로 사용될 도시들은 기차 연결 지점이든가 아니면 최소한 철도가 놓여 있는 곳이어야만 한다는 점이 고려되어야 한다. …… 모든 유대인 공동체 안에는 유대인 장로 회의가 구성되어야 하고, 가능하다면, 이것은 점잖은 중도 인물과 랍비로 구성될 수 있다. …… 이 장로 회의는 발표되었거나 발표되는 모든 지침들을 정한 시한 내에 정확히 실행하는 데 말 그대로 총책임을 져야 한다. …… 유대인 장로 회의는 도움이 될 만한 유대인 인구

조사——가능하다면 성별로, 그리고 주요 직업층으로 정리된——를 현 소재지에서 실시하고, 짧은 시간 내에 그 결과를 보고해야 한다. …… 유대인들을 여러 도시들에 집단 수용하기 위해서는 아마도 일반적으로 치안상의 이유들 때문에 해당 도시 자체의 명령 조치들이 필요하게 될 것이다. 시의 특정한 구역은 유대인들의 출입이 금지된다든가, 유대인들은——항상 경제적 필요를 고려하여——가령 게토 지역을 벗어나서는 안 된다든가, 특정 저녁 시간에는 더 이상 외출할 수 없다는 식 등등.

유대인을 모욕하고 착취하는 강제 거류지였던 게토들이 독일군 점령 하에 있는 동부 유럽 전역에 세워졌다. 그 목적은 우선 좀 더 큰 도시들에 유대인 민간인들을 집단 수용하는 데 있었다. 그리고 이들 게토들은, 폴란드에서의 점령 통치가 시작될 때까지만 해도 아직 뚜렷한 윤곽을 드러내지 않았던 유대인의 대량 강제 이송을 잇는 중간 지점의 기능을 담당했다. 크라쿠프의 점령군 총독과 폴란드 서부의 "편입된 지역들"의 관청들 사이의 다툼들은 이를 증명해 준다. 편입 지역의 관청들은 "독일화"라는 목적을 위해 가능한 한 빨리 유대인 문제에서 벗어나기를 원했고, 점령군 총독 정부는 궁극적인 목표인 유대인 없는 땅을 추구했던 것이다.

독일군이 진주해 오기 전 바르샤바에는 대략 350,000명의 유대인이 살고 있었다. 이들은 세계에서 (뉴욕 다음으로) 두 번째로 큰 공동체를 이루고 있었다. 바르샤바 유대인 다수가 도시의 북쪽에 거주하고 있었는데, 전통적으로 유대인 주거 지역이었던 이곳에서는 이디시 어〔Jiddisch, 중부와 동부 유럽 출신의 유대인과 그 후손들이 사용하는 언어)가 사용되었다. 많은 사람들이 정통파였고, 검은색의 옷을 입고 다녔으며, 남자들은 턱수염과 곱슬 구레나룻을 기르고 다녔다. 바르샤바 유대인들 중 거의 절반이 수공업자나 노동자로 일했고, 1/3은 상업과 관련된 직업을 갖고 있었다. 자유 직업인은 얼마 되지 않았다. 교사 외에는 유대인들이 공직에 참여할 수 있는 길은 거의 차단되어 있었다. 대다수 폴란드 유대인은 가난했고, 폴란드의 반유대주의 조짐 아래에서 유대인들에게는 독일 점령 통치 이전에도 이미 상황이 좋지 않았다. 그러나 더 더욱 나쁜 상황이 임박해 있었다. 먼저 게토화와 사유 재산 상실이 이루어졌다. 1939년 11월, 독일인들은 공동체의 의장인 아담 체르니아코프를 유대인 장로로 임명했다. 바르샤바 유대인 회의의 꼭대기에 앉은 그는 이제 주변 지역에서 대피되어 바르샤바로 점점 몰려든 사람들에 대해 책임을 졌다. 그는 식량 공급과 주택, 그리고 건강 문제를 돌보아야만 했고, 유대인들에게 내려진 친위대의 명령을 실행해야만 했다.

체르니아코프의 일기장에는 간단한 기록들과 때로는 주요 단어들과 간단한 요점들만이 적혀 있었다. 이것은 바르샤바 게토의 일상에 대한 기록이었다.

바르샤바 유대인에 대한 통계 조사가 마무리되었다. 아침 8시에는 공동체 모임. 기부금 모금. 아침 11시 40,000주오티의 현금과 260,000주오티 액수의 송금 증서를 친위대에 가져다 준다. 그런 다음 허가증을 받기 위해 외환 거래소로 간다. "게토"로 들어오는 길에는 "전염병 위험. 출입 금지"라는 글귀의 안내판이 내걸

린다. 그 옆에다 사령부는 플래카드를 내걸고 군인들의 출입을 금지했다. 공동체 내에서 또 모금을 해야 한다.

친위대가 유대인들에게 강요한 기부금을 모으기 위해, 그리고 돈이 제때 도착하지 않으면 인질을 처형하겠다는 협박을 받을 때마다 수시로 모금이 이루어졌다. 유대인 장로 체르니아코프는 온갖 종류의 사무실에서 회의를 열며 시간을 보냈다. 노숙자들에게 잠자리를 제공하고, 유대인 고아원과 병원의 기금을 모으고, 유대인 공동체에 고용된 사환들을 위한 돈을 조달하는 등의 일이 원활히 이루어지도록 관리하면서 애써 일했다. 독일인들이 요청한 유대인 강제 노역자들도 징집해야 했다. 비참한 현실을 관리하는 것은 너무나 고되고 보람도 없는 과제였다.

1940년 11월 중순, 게토는 장벽과 철조망으로 바깥 세계와 차단되었다. 당시 친위대의 명령 수행자이던 유대인 회의 관할 하에 400,000명이 넘는 유대인들이 밀집해서 바르샤바 게토 내에서 살았다.

이러한 강제 공동체의 꼭대기에 있던 "유대인 장로" 자리는 속수무책이었다. 친위대는 유대인 장로를 지속적으로 멸시했고 그는 여러 번 체포되어 학대당했다. 그러나 그렇다고 해서 게토 주민들이 그를 좋아한 것도 아니었다. 그와는 반대로 그는 격렬한 논란의 대상이 되었다. 많은 사람들이 그를 독일인의 말 잘 듣는 도구 정도로 보았다. 말도 안 되는 소문들이 이러한 추측을 부추겼다. 체르니아코프는 허영심과 권력욕 때문에 힘겨운 이 자리를 유지하려 하고 자신의 야심을 채우기 위해 실무를 담당한다는 악

평을 들어야 했고, 이것은 우지나 빌뉴스, 루블린과 리가, 그리고
테레지엔슈타트를 비롯한 다른 게토들에서 독일인에 의해 당국자
〔장로〕로 선정된 사람들에게도 마찬가지였다. 그들은 앞잡이로 매
도되었다. 유대인 회의에 대해서는 어떠한 사후死後의 명예도 기
대할 수 없었고, 역사가들과 마찬가지로 생존자들조차도 그들을
나쁘게만 다루었다. 그들도 이른바 우월 민족이라는 나치들에 의
해 살해되었음에도 불구하고 말이다. 이들이 구체적으로 보여 준
비극적인 갈등을 비판가들은 제대로 인식하려고 들지 않았다.

　· 아담 체르니아코프는 민감한 감성을 지닌 교양 있는 사람이었
다. 제1차 세계 대전 이전에 그는 고향인 바르샤바의 기술 대학에
서 기술자 칭호를 획득했고, 아울러 무역학을 공부했다. 드레스덴
에서는 독일어를 배우면서 독일 문화에 심취했다. 폴란드에 만연
했던 반유대주의로 말미암아 유대인 공동체 이외의 공직은 차단
되어 있었다. 혈통과 교육 덕분으로, 애초부터 폴란드의 애국자보
다는 의식 있는 유대인이라고 느끼고 있던 그가 바르샤바 유대인
공동체에서 전문 학교의 교수로, '폴란드 거주 유대인 수공업자
중앙회'의 협회 간부로서의 과제를 부여안게 된 것은 바로 이런
상황 때문이었다. 몇 해 동안 그는 바르샤바 시 의회에 속하기도
했다. 게토 내에서 동지로 활동했던 루드비크 히어스츠펠트는 바
르샤바 유대인 회의 의장의 정의로움에 대해 기억하려고 애썼다.

　　그는 자신을 강한 사람으로 보이려고 무던히 애를 썼다. 그렇
긴 해도 그는 민감한 영혼을 지닌 사람이었고, 자신의 운명이 이
미 끝장난 것을 알고 자발적으로 희생한 사람이었다. 그는 최후의

순간까지 싸웠다. …… 자신조차도 용서하지 않았다. …… 자신
의 보호에 의지하는 사람들의 생명을 지키기 위해 그는 마치 사자
같이 싸웠다. 그는 기질상 용감했다. 그러나 다른 사람들에게는
부드러웠고 관대했다. 독일 당국의 명령에 따라 값진 물건과 돈,
모피 …… 심지어 은 요강까지 갖다 주었다. 그러나 자신의 보호
아래에 있는 사람들을 요구했을 때, 그는 자기를 먼저 희생하려고
앞으로 나섰다…….

1942년 7월, 게토 주민들이 절멸 수용소로 강제 이송되기 시
작했다. 유대인 회의는 다시 앞잡이로 일해야만 했고, 이송 명단
을 모두 작성해야 했으며, 사망 대기자들의 떠날 준비 상태를 책
임져야만 했다. 게토 내의 독일 군수 산업체에서 일했던 노동자들
도 예외는 아니었다. 이 유대인 장로는 더 이상 살인자를 위한 앞
잡이로 일하는 것을 그만두고 1942년 7월 23일 자살함으로써 그
출구를 찾았다. 자신의 사무실에서 그는 독약을 들이마셨다. 그의
책상 위에는 아내에게 보내는 한 장의 편지가 놓여 있었다. 이 편
지에는 다음과 같은 내용이 담겨 있을 뿐이었다. "그들은 내 손으
로 내 민족의 아이들을 죽이라고 강요한다. 이제 나에게는 죽는
것 외에 아무것도 남지 않았다."

우지는 폴란드에서 번창한 도시이며 두 번째로 큰 도시였다.
산업 발전으로 말미암아 이 도시의 형편은 좋았다. 무엇보다도 섬
유 산업이 주요 산업이었다. 제2차 세계 대전 전야에 우지에는
700,000명의 주민이 살았다. 그런데 이 시민들 중 1/3이상이 유대
인들이었다. 우지는 유대인 문화의 중심지였고, 히브리 중고등학

교, 랍비 학교, 이디시 어 신문, 많은 유대인 회당들이 있어서 풍부한 종교 생활을 영위할 수 있었다. 1939년 9월 8일, 독일군이 이 도시로 진격해 들어왔다. 우지는 "바르테가우"로 합병되었고, 1939년 말부터는 독일 제국의 일부가 되었다. 1940년 4월 11일에 우지는 새로운 이름을 부여받게 되었다. 독일 장군의 이름을 따라 이 도시는 이제 "리츠만슈타트"라고 불리게 되었다.

독일군의 점령과 함께 곧장 유대인 박해가 시작되었다. 원주민으로 구성된 "민족 독일" 부대의 지원을 받으면서 친위대〔특수부대 산하〕 기동대는 유대계 시민들을 괴롭혔고, 그들의 재산을 약탈했다. 강제 노역과 통행 금지가 유대인에게 내려진 첫 번째 공식적인 조처들이었다. 경제에서의 배제, 은행 계좌의 정지, 임의 체포가 뒤따랐다. 1939년 11월, 도시 내의 모든 유대인 회당이 바로 1년 전 독일에서 일어난 "제국 수정의 밤"에서와 같이 파괴되었다. 마찬가지로 1939년 11월 이후부터 모든 유대인들은 유대인 표식을 달고 다니도록 강요당했다. 처음에는 노란색 완장, 다음은 다윗 별을 가슴 높이에 박음질해서 다녀야 했다.

1939년 12월 10일, 최고위 독일 당국자인 칼리시의 시장, 프리드리히 위벨호어가 게토를 준비하라는 명령을 하달했다.

충분한 경비력을 갖춘 다음, 내가 정해 주는 날에 신속하게 게토를 세워야 한다. 다시 말해, 정해진 시간에 확정된 게토 경계선은 이를 위해 마련된 경비대가 지킬 것이며, 그 거리는 철조망 방어책이나 다른 방어 기구들로 폐쇄될 것이다. 동시에 게토에서 차출된 유대인 노동력을 이용해서 장벽을 세운다거나 집 현관을 막는 식의 다른 폐쇄 조치가 시작될 것이다. 게토 내에서는 유대인 자치 관리가 도입될 것인데, 이것은 유대인 장로와 대단히 확대된 공동체 의장단으로 구성될 것이다.

1939년 10월 13일, "유대인 장로"에 모르데카이 카임 룸코프스키가 임명되었다. 명령에 따라 그는 "유대인 회의"를 구성했고 이는 31명의 구성원을 갖추었다. 그러나 그들은 11월 11일에 체포되고 강제 이송되어 살해되었다. 룸코프스키도 마찬가지로 학대를 받았고, 그런 다음 그는 새로운 유대인 회의를 구성해야 했다. 잔인한 독일 통치를 위한 통로가 마련된 것이다. 먼저 100,000명의 유대인과 200,000명의 폴란드 인이 바르테가우를 떠나야만 했다. 이후에 "유대인 문제"는 최종적으로 해소되어야만 했다. 시장인 위벨호어의 지시를 들여다보면, 이 말은 오해의 여지가 전혀 없는 것이었다.

게토의 설치는 당연히 하나의 임시 조처일 뿐이다. 일정한 시점에 일정한 수단을 동원해서 게토와 로치(원문 그대로) 시에서 유대인이 깨끗이 없어질 것이라고 나는 생각하고 있다. 이 페스트균을 남김없이 불태워 버리는 것이 여하튼 우리의 궁극적인 목표여야 한다.

이것은 베를린의 계획들과 일치했다. 이에 따르면 바르테가우의 유대인들은 동쪽으로, 동부 점령 지구로 이송될 것이다. 그러나 폴란드 점령 지구의 히틀러의 총독인 한스 프랑크는, 1940년 1

월 유대인을 계속 받아들이기를 주저했다. 이것은 게토 계획을 촉진시켰다. 그러나 우지의 게토 설치는 계획대로 빨리 이루어지지는 않았다. 덫은 아주 천천히 죄여 들어왔다. 1940년 2월 8일, 경찰서장은 우지의 북쪽 빈민 거주지에 게토 지구를 설치했는데, 이 지역에는 이미 62,000명의 유대인들이 살고 있었다. 유대인 공원 묘지를 포함해서 4제곱 킬로미터가 넘는 지역이 게토에 통합되었고, 31,000개의 주택이 그곳에 포함되었다. 그러나 이 주택들은 너무도 허름해서 상하수도 시설을 갖춘 곳이 거의 없을 정도였다. 바깥 세계로부터 완전히 폐쇄된 이곳에 160,000명이 살아야만 했다. 유대인 장로는 유대인 치안대를 조직했고, 게토 우체국도 설치되었고, 게토 내의 산업체들은 독일의 군수 물자들을 만들기 위해 일해야만 했다. 4월이 지나면서 준비 과정은 모두 완료되었다. 4월 30일에 게토는 마침내 봉쇄되었다. 이 지역을 벗어날 때에는 사형을 당했다. 1940년 7월에 유대인 장로는 "게토 안에 거주하는 사람들이 게토 바깥에 있는 사람과 철조망 너머로, 특히 차량 통행로에서 잡담을 나누는 것을 엄격하게 금한다"는 금지령을 발표해야만 했다.

게토는 독일식으로 철저하게 조직되고 관리되었다. 룸코프스키 휘하의 유대인 회의는 실행 기구로서 활동했고, 유대인들의 일상을 통제하는 일을 담당했다. 게토 관련 업무를 위해 리츠만슈타트 시청 내에 '게토 배급 및 경제 담당국'이 설치되었다. 한때 400명의 직원을 보유했던 이 담당국은 1940년 10월부터 '게토 관리청'이라고 불렸다. 그 꼭대기에는 브레멘의 도매상인이었던 한스 비보우가 서 있었다. 공명심으로 가득 찬 그는 자신의 과업을 진지하게 받아들였고, 자신의 동료들처럼 게토의 중요성은 "유대인 문제의 해결" 선상에 있다는 것을 의식하고 있었다(그는 300,000명의 유대인을 절멸 수용소로 강제 이송하는 데 협력했고, 총살에 참여한 것으로 인해 1947년 4월에 폴란드 법정에서 사형 선고를 받고 6월에 처형되었다. 그의 동료들에 대한 재판은 1970년대 서독에서 종결되었다). 게토 관리청은 식료품 공급, 생산과 자원 관리를 관할했다. 외부에서 감시하는 일은 경찰 경비대가 담당했고, 게토 안에서는 게슈타포들과 사법 경찰Kripo들이 그 일을 담당했다. 모든 정치적 반대자들과 제국의 "적들"을 담당하는 일반 기구인 게슈타포는 게토 내의 독자적인 사무실을 운영했다. 사법 경찰들은 무엇보다도 값어치 있는 재산을 압수하는 활동에 주력했고, 공식적으로 이를 밀수 퇴치라고 불렀다.

게토화 이전에 사유 재산 몰수가 선행되었다. 주민들의 엄청난 재산이 "이주 조치" 때 고스란히 남겨져 주인 없는 것으로 간주되었고, 결국 압수되었다. 철조망으로 둘러싸인 일종의 도시 국가는 1940년 7월부터 자체 통화를 갖추었다. 하지만 게토 통화도 역시 강탈의 일종이었다. 왜냐하면 독일 관청의 정의에 따르면,

그것은 유대인들이 교환한 마르크나 그 외의 외환에 대한 영수증에 지나지 않기 때문이다. 물론 지금으로서는 생각할 수조차 없는 일이지만, 게토가 일단 철거되면 게토 통화의 소유자는 독일 제국에 대한 법적 권리를 제기할 수 없다…….

게토 내에서의 관리는 룸코프스키의 독재권 하에서 이루어졌

다. 군대를 위한 섬유 산업체, 안장업, 목재상, 금속 업체에서의 강제 노동은 계획에 따라 조직되었다. 유대인으로 구성된 치안대 (게토 경찰), 감옥, 게토 법원, 유대인 장로가 발표하는 공고를 위한 신문, 통계국, 그리고 게토의 연대기를 작성하여 보관하는 문서 보관소가 있었다. 굶주림은 일상적이었다. 이러한 사정은 독일 쪽 책임 관리자였던 비보우도 알고 있었는데, 그는 1942년 3월 게슈타포에 다음과 같은 편지를 보냈다.

일 년 이상 식량 공급이 수감자들에게 허용된 수치 이하에서 이루어지고 있다. 배급받는 생필품으로 연명하는 게토 주민들이 지속적으로 노동 투입 가능 상태로 있을 것이라고는 아무도 주장할 수 없다. …… 더욱이 게토로 들어오는 생필품이라고 하는 것도 대개의 경우 품질이 형편없는 것들이다. 식량 공급 상태를 분명히 보여 주는 증거는 급속도로 증가하는 사망자 수이다. 지난주 사망 고지서를 훑어보니 발진티푸스의 창궐이 확인되었다.

1941년 가을부터 독일 제국과 빈, 프라하, 그리고 룩셈부르크에서 20,000명의 유대인들이 게토로 "격리"되었다. 그 자리를 마련하기 위해 학교들이 폐쇄되어야만 했다. 게토로 끌려온 사람 중 언론인이었던 프라하 출신의 오스카 징어는 게토 상황을 목격하고 다음과 같이 물었다.

그런 상황 아래에서 유럽 사람들이 문화적 품위를 잃어버리는 데 과연 얼마의 시간이 필요할까? 스프와 나무 침대마저 빼앗는

가혹한 처벌을 당해도 사람들은 이 문화를 유지할 수 있을까? 침구와 속옷과 옷을 빨고, 교체하고, 바람에 쏘여 줄 수 없다면, 사람들이 이에게 물리지 않는 것이 가능할까? 문화가 뭔가?

11월에는 5,000명의 로마들〔일반적으로 "집시Zigeuner"라고 불리는 유랑민들의 원래 이름은 신티Sinti와 로마Roma이다. 이들에 대한 민족 학살에 대해서는 이 책의 11장을 참고하라〕이 부르겐란트에서 왔다. 그들 중에는 아이들이 굉장히 많았다. 그들은 유대인들보다 더 심하게 다루어졌다. 그들은 게토 안에다 이중 철조망으로 격리된 집시 거주지에서 기숙해야 했다. 1942년 1월에 그들은 쿨름호프(헤움노)에 있는 절멸 수용소의 가스차에서 학살되었다. 1942년 1월 16일 게토에서 유대인의 강제 이송도 시작되었다. 그곳은 점차 학살로 비워져 갔다. 유대인 장로가 이송 명단을 작성해야만 했다. 유대인의 강제 이송은 절멸 수용소 쿨름호프의 가스차에서 끝이 났다. 1942년 9월까지 그곳에서 70,000명의 게토 주민이 살해되었다. 나머지 90,000명이 군수 물자들을 계속 만들어 내야 했고, 굶주림으로 허덕여야 했다. 1944년 6월, 친위대 총사령관인 히믈러가 게토의 완전 청소를 지시했다. 강제 이송은 다시 시작되었고, 처음에는 헤움노로, 1944년 8월부터는 아우슈비츠로 진행되었다. 많은 사람들은 아직도 일하러 가는 것이라는 희망을 품고 있었다.

1944년 8월 말, 유대인 장로였던 룸코프스키도 자신의 가족과 함께 아우슈비츠로 이송되었다. 이 사람에게는 게토 우지(리츠만슈타트)의 비극 전체가 반영되어 있다. 유대인 장로 룸코프스키가 관리로 임명된 것은 정말 우연이었다. 교육도 얼마 받지 못한 62세의 그는 1939년까지는 전혀 두각을 나타내지 못했다. 성공적이지 못한 상인, 보험 대행 업자, 유대인 고아원 원장이 그때까지의 그의 삶의 간이역들이었고, 독일 점령 통치 체제의 은총으로 결국 게토의 책임자가 되었을 뿐이었다. 그는 자신이 총독이라고 불리기를 원했고, 곧장 불운한 게토 주민들의 원성을 듣게 되었다. 한때 게토의 의사였던 아놀드 모스토비치는 그를 다음과 같이 묘사했다.

> 그는 단순한 사람이었지만, 의심할 여지 없이 영리한 사람이었다. …… 자선 사업, 예를 들면 기부금의 조직화를 통해 얻게 된 확실한 경험은, 그가 새로운 껍데기를 걸치는 데 정말 충분했다. 그 일은 그에게 완벽하게 잘 어울렸고, 이전에 떠맡아야 했던 천한 역할에 대한 보상이기도 했다. 스스로 훌륭한 연설가라고 생각하는 그가 연설을 해서 많은 관중들의 마음을 끌었을 때, 권력 의식, 아마도 책임 의식이 그에게 날개를 달아 주었던 것 같다.

그가 내린 조치의 의미보다는, 거대한 유대인 게토 관리청의 꼭대기에 앉아 안녕과 질서를 유지하기 위해 강권 통치를 사용했다고 믿는 사람들에게, 그는 독일군의 협력자이며 유대인의 배신자로 통했다. 그리고 게토의 군수 물자 생산에서 감당해야 했던 노예 노동을 꺼리는 사람들에게, 그는 독일군의 도구나 다름없었다. 1942년 9월 4일, 그는 게토 주민들 앞에서 연설을 했다. 절망의 파토스로, 자신과 자신의 역할에 어울리는 표현을 담아 말하기를,

어제 나는 20,000명의 유대인 주민을 게토 밖으로 이송하라는 명령을 받았습니다. 우리가 그 일을 하지 않으면 다른 사람들이 할 것입니다. …… 그때 우리는 '얼마나 구출될 수 있을까?' '파멸될 것인가?'라는 생각보다는 오히려 '얼마나 많은 사람들을 구출할 수 있을 것인가'라는 생각에 골몰했습니다. 우리, 곧 나와 내 가장 친한 동료들은 …… 이 액운에 찬 일을 우리 손으로 실행에 옮겨야 한다는 결론에 이르렀습니다. 이것은 매우 어려운 결정이었습니다. 나는 이 어렵고 피비린내 나는 행동을 수행해야만 했고, 몸통을 구출하기 위해 사지를 절단해야만 했습니다. …… 여러분 앞에 학살된 유대인 한 명이 있습니다. …… 이것은 내가 정말 수행해야 하는 가장 어려운 명령입니다. 나는 부러지고 떨리는 손을 여러분에게 뻗어 간청합니다. "여러분의 희생자를 내 손에 맡겨 주십시오. 그렇게 해야 더 많은 희생자를 막을 수 있고, 그렇게 해야 100,000명의 유대인들을 구출할 수 있을 것입니다."

우지(리츠만슈타트) 게토의 생존자 수는 12,000명으로 추정된다. 1941년 12월 1일, 게토 주민들은 163,623명으로 최고치에 달했다. 유대인 장로 룸코프스키의 주도 하의 우지 게토는 1942년 이송자 명단을 모두 작성하라는 독일군의 명령을 따르기보다는 오히려 자살을 선택한, 도덕적으로 좀 더 민감했던 아담 체르니아코프 하의 바르샤바 게토보다 18개월 더 지속되었다. 물론, 우지 게토가 더 오래 존속한 것이 유대인 장로 덕분인지는 아무도 모른다. 유대인 회의의 딜레마는 생존자들 사이에서도 오랫동안 격렬한 논쟁을 불러일으키기도 했다.

바르샤바, 우지, 크라쿠프, 첸스토하우, 라돔, 키엘체의 게토
들과 폴란드 영토 안의 다른 많은 지역들에 있던 게토들 외에,
1941년 6월부터 러시아 전선이 열리면서 빌뉴스와 코브노, 리가,
민스크, 그리고 마지막으로 렘베르크(1942년 8월)와 같은 동폴란
드, 리투아니아, 에스토니아와 라트비아, 벨로루시의 게토들이 또
설치되었다.

폴란드의 섬유 산업의 중심지인 비알리스토크에 1939년 9월
15일 독일군이 진주해 들어왔다. 폴란드 북동부에 있던 이 도시
에는 대략 120,000명의 주민들이 살고 있었는데, 그중의 절반이
유대인이었다. 히틀러와 스탈린의 협약〔제2차 세계 대전이 발발되
기 직전인 1939년 8월 23일에 체결된 '독소 불가침 조약'을 말한다. 이
조약이 체결됨에 따라 동유럽에서 독일과 소련의 세력권이 정해졌다〕
이 비밀리에 체결되고 난 뒤, 이 지역은 소련의 이해 지역으로 떨
어졌고, 비알리스토크는 따라서 1939년 9월 22일부터는 소련 관
리 하에 놓이게 되었다. 그러나 독일군이 소련을 침공한 뒤에 비
알리스토크는 1941년 6월 27일에 독일군 통치 하에 들어왔다. 그
때 그들은 유대인 학살을 시작했다. 첫날 기동대가 2,000명의 유
대인 시민들을 학살했고, 큰 유대인 회당 건물을 파괴했다. 얼마
뒤에는 4,000명의 유대인들이 도시 바깥 지역에서 진행된 살인 행
각에 의해 희생되었다. 1939년 가을 폴란드 서부에서 벌어진 참
상이 동폴란드에서도, 발트 지역에서도, 벨로루시와 우크라이나
에서도 반복되었다.

비알리스토크 지구는 1941년 8월 15일 동프로이센에 속하게
되면서 제국 영토로 합병되었다. 8월 초에는 비알리스토크 유대인

의 게토화가 시작되었다. 게슈타포의 통제와 유대인 회의의 관리 하에 있던 우지와 엇비슷한 조건의 게토에서 50,000명이 살면서 일했다. 다른 게토에서와 마찬가지로 유대인 정치 조직들도 있었 다. 공산주의자들, 다양한 시온주의자 그룹들, 연맹들, 그들이 서 로 경쟁적이었던 것은 사실이나 억압자에 대한 저항이라는 한 가 지 목표를 가지고 있었다. 1942년 8월부터 지하에서 저항 투사들 이 두 개의 주요한 흐름으로 조직되었다. 이들은 1943년 7월에는 다시 하나의 저항 운동으로 합쳐졌다. 그 모델은 바르샤바 게토에 있던 오네그 샤바트[Oneg Schabath, '안식일의 즐거움'이라는 뜻으 로, 원래는 토요일(혹은 금요일)에 회당이나 집에서 갖는 유대인들의 비공식 모임을 가리킨다) 조직인데, 이 조직은 독일군과의 전투를 준비하고 후세대들을 위한 비밀문서도 남겨 놓았다(우유통에 보관 된 엠마누엘 링엘블룸 문서 보관소의 문서들은 대부분 바르샤바 게토 의 붕괴 이후에도 땅속에서 살아남았고, 비알리스토크 게토의 문서들 도 구출되었다).

1943년 2월, 비알리스토크에서 단 한 번의 "행동"으로 2,000 명의 유대인이 처형되었고, 10,000명의 유대인은 트레블링카로 강제 이송되었다. 게토를 청소하라는 명령이 8월에 내려졌고, 친 위대 중장, 오딜로 글로보치니크가 이 일에 선임되었다. 8월 16일 에서 20일까지 유대인 전사들은 탱크와 포병 부대를 게토에 투입 한 독일의 우월한 군사력에 맞서 싸웠다. 8월 18일, 30,000명의 게 토 주민이 트레블링카와 마이다네크로 강제 이송되기 시작했다. 1,200명의 어린아이들이 테레지엔슈타트로 강제 이송되었고, 다 시 아우슈비츠로 강제 이송되었다. 약 150명에 이르는 여자와 남자로 구성된 저항 전사 집단이 비알리스토크에서 탈출에 성공했고, 그들은 빨치산에 합류했다.

1943년 4월, 바르샤바 게토에서 일어난 봉기는 나치를 몹시 괴롭혔다. 주택과 길거리에서 진행된 처참한 전투에서 친위대가 유대인의 저항을 무력화하는 데 4주나 걸렸다. 마침내, 게토 내의 나머지 부분들이 파괴되고 불태워지자, 친위대 소장인 위르겐 슈트로프가 베를린에 제출한 보고서에는 다음과 같이 적혀 있었다.

이제 더 이상 바르샤바에 유대인 거주 지역이란 없다.

게토들은 홀로코스트의 역사 속에서 한 단계를 이루었다. 이곳에서 진행된 모든 비극과 고통과 참상에도 불구하고, 게토들은 민족 학살의 주된 전시장은 아니었다. 1940년에서 1943년까지 그곳은 일종의 학살 대기소, 지옥 문전, 살해를 목적으로 인간이 강제 이송되던 장소로 가는 중간역이었다.

7 반유대주의에서 민족 학살로
최종 해결의 기원

1939년 1월 제국 의회에서 행한 연설에서 예언자의 역할을 자청한 히틀러는, "만일 유럽 안팎의 국제 유대인 금융가들이 민족들로 하여금 다시 한 번 전쟁의 나락으로 떨어지게 만든다면", 그것은 "유대인의 승리"로 끝나기보다는 유대인 인종의 "절멸"로 끝날 것이라고 선포했다.

히틀러는 이후에도 여러 번 이 위협을 상기시켰다. 그리고 유럽 유대인의 절멸이 처음부터 나치 강령에 규정되어 있었는지, 아니면 민족 학살이 절대 다수의 동의에 의해 인가된 나치 정권의 급진화의 결과인지에 대한 논쟁은 내버려 두더라도, 절멸에 대한 공식적인 발표는 비극을 이해하는 열쇠가 된다. 이 위협은, 첫째 고전적인 스테레오 타입의 반유대주의, 곧 유대인의 국제적 음모라는 비방을 내용으로 하는 것이었고, 둘째 제1차 세계 대전을 획책했다는 비난을 확산시킨 것이었고, 셋째 1933년에 이미 선전된 (그리고 1939년에 다시 한 번 새롭게 내세워진) 주장, 곧 "유대인들"이 독일에 선전 포고했다는 식의 주장을 그 배경으로 이용했다. 그에 따라 1933년에 보이콧 행동이 나타났고, 1939년에는 나치 국가의 공식적인 위장 언어인 "유대인 문제의 최종 해결"이 언급되었다.

늦어도 1941년 초여름부터는 이 개념이 유대인들의 육체적 절멸을 나타내는 완곡한 표현으로 아주 공식적으로 사용되었다. 관료들이 만들어 낸 기괴한 이 말은, 19세기 이후 공공 담론으로 나돌던 은유인 "유대인 문제"(정치, 문화, 사회 문제 영역의 총합으로서 부정적인 의미를 갖는 것이었지만, 항상 그런 것은 아니었다)에서 비롯되었고, 이 문제의 "해결"이란 반유대주의자들과 그 후의 나치 이데올로기의 이해 속에서는 항상 배제로 생각되었고, 나치 정권의 권력 확대와 함께 급진화되었다.

그러니까 "유대인 문제의 해결"은 실제로 반유대주의자들의 계명과도 같은 것이었고, 아직은 내용이 불분명한 나치의 선전 은유였던 셈이다. 그래서 이 개념은 1933년부터는 법적 권리 박탈, 차별, 그리고 추방이란 조처들을 통해 (1935년 뉘른베르크 법령과 그 후속 규정들에 의해 가장 분명하게 나타났듯이) 강화되었고, 따라서 "유대인 문제의 최종 해결"의 형태로 독일의 통치권 내의 모든 유대인의 대량 학살과 동의어로 굳어지게 되었다.

유대인에 대한 멸시와 모욕에서 추방과 절멸로의 국면의 전환점이 된 1938년 11월 포그롬 이후, 공식적인 언어 사용 면에서 이 개념은 "총괄적 해결"이나 유대인 문제의 "궁극적" 해결이라는 의미로 확대된다. 그러나 처음부터 엄밀하게 규정된 내용이 의미상의 급진화와는 명료하게 맞아떨어지지 않았고, 도리어 "특별 처리"라는 개념의 사용과 일치했을 법하다. 이런 언어 사용의 진전을 확인할 수 있는 핵심 자료는 "임명장"인데, 제국 원수이자 4개년 계획의 위임자이고, 제국 방위를 위한 각료 회의의 의장이었던 괴링은 이 임명장에서 1941년 7월 31일 보안 경찰과 보안대의 총수이던 하이드리히에게 관련 계획에 대한 전권을 위임했다.

> 1939년 1월 24일의 지시를 통해 당신에게 이미 위임한 과업, 곧 유대인 문제를 국외 이주나 대피의 형태로 가능한 한 시대 상황에 적합한 해결책을 찾아보라는 지시에 덧붙여, 독일 영향권 내에 있는 유럽의 유대인 문제의 총괄적 해결을 위해 조직적이고 구체적이고 물질적인 측면에서 요구되는 모든 것을 준비할 것을 위임한다. 이 과정에서 다른 중요 인사들의 관할권과 겹치는 경우가 발생한다면, 이는 서로 나누어서 감당하게 될 것이다. 더 나아가 나는 당신에게 유대인 문제의 최종 해결을 실행하기 위한 조직적, 구체적, 물질적인 사전 조치들에 대한 전체 기획서를 곧 제출할 것을 위임한다.

이 문서의 기록에 따르면, 추구한 목표가 그리 분명하게 드러나지는 않는다. 그래서 유대인의 국외 이주를 강화하려는 의도를 가진 1939년 1월 [24일] 지시와 다시 관련 지어 볼 때, 개별적인 국외 이주에 대한 압력이 확대되는 속에서 이루어졌던 "총괄 해결"은 이송자들의 잇따른 이주지 변경과 더불어 대량 이송에 의한 이주를 목적으로 했다는 추정을 뒷받침할 수 있다. 이 시점에는 더 이상 그것에 대한 말이 필요 없었고, 이미 민족 학살 결정이 내려졌다는 점은 역사가들 사이에서 논의의 대상이 되지 않은 지 오래다. (1941년 7월 22일) 소비에트 연방을 침략한 뒤 특수 부대의 살인 특공대들이 발트 지역, 우크라이나, 벨로루시와 러시아에서 잘 준비하고 행동에 들어갔다는 사실은 부정할 수 없는 증거이다.

"최종 해결"이란 개념의 의미 변화가 이미 이루어졌다는 것에 대한 증거는 서류상에서도 발견된다. 1941년 5월 20일, 회람을 통해 모든 국가 경찰 부서들에, 그리고 기별을 통해 모든 보안대 지도부에 전달된 제국 보안부의 명령은 "유대인 문제의 최종 해결이 의심할 여지 없이 다가오고 있다"는 것을 두 번씩이나 분명하게 언급했다. 이것은 그때까지 실행되어 오던 유대인 정책의 강화를 의미할 수 있었을 뿐이며, 그리고 벨기에와 프랑스에 사는 독일 유대인들이 해외 이주를 위해 필요한 신원 증명서와 여권과 같은 증명서와 서류들을 독일 제국 관청에 요구했다는 것이 그 명령의 구실이었다는 것도 대단히 흥미롭다. 제국 보안부 관할 아래에 있던 업무 기관들은 그러한 요구에 응하지 말라는 지시를 받았다. 그리고 제국 보안부의 일반적인 명령에 따르면, "우리가 점령한 지역으로의 유대인의 이주는, 의심할 여지 없이 다가오고 있는 유대인 문제의 최종 해결을 감안할 경우, 저지해야 한다." 유대인들의 국외 이주를 저지하는 것이 독일 세력권 내에 그들을 머물게 하여 처치하려는, 곧 학살하려는 목적 말고 또 어떤 목적을 가질 수 있었겠는가?

"최종 해결"이란 용어가 늦어도 1941년 초여름부터는 다름 아닌 절멸을 의미했다고 확신할 수 있다면, 이때 우리는 의미 변화가 과연 언제 시작되었는가를 물어야만 한다. 1940년 6월 24일에 하이드리히는 외무 장관 리벤트로프에게 편지를 썼다. 편지에서 그는 "전 제국 영토에서 유대인의 국외 이주를 실행"할 자신의 권한에 대해 언급했다(하이드리히는 1939년 1월에 괴링이 권한을 위임한 것에 대해 지적했고, 외무성에서 "최종 해결"에 대한 전체 안건을 긴급히 논의할 경우에 자신에게 문의해야 한다고 분명하게 밝혔다).
1939년 1월 1일부터 전부 200,000명의 유대인이 제국 영토 밖으로 이주했다고 말했다. 그런데도 "전체 문제——현재 독일의 통치권 아래에 놓인 지역에 있는 대략 3,250,000명에 해당한다——는 국외 이주를 통해 더 이상 해소될 수가 없다. 따라서 영토상의 최종 해결이 필수적이다."

제국 보안부의 부장이 언급한 "영토상의 최종 해결"은 "마다가스카르 계획"을 뜻하는 것이었는데, 이것은 1940년 연초부터 계획 대상이었다. 유럽인들에게는 살인적인 기후를 가진 동아프리카 앞[바다]에 있는 프랑스 식민지인 섬에 유대인을 이주시키겠다는 발상은, 19세기 이후 반유대주의 문학 작품들 속에 나타난다. 이 발상은 제1차 세계 대전과 제2차 세계 대전 사이 시기에 영국의 작가들에 의해서도 논의되었고, 1937년에는 프랑스와 폴란드 간의 협상의 대상이 되기도 했다. 협상 결과에 따라 폴란드 위원회는 마다가스카르에 가서 폴란드 유대인 망명자들을 위한 이주 가능성을 검토해 보았다. 폴란드가 이런 상황을 대단히 진지하게 검토했다는 사실을 우리는 과소평가하고 있다. 그 위원회에 속해 있던 레펙키의 견해에 따르면, 아마도 40,000명에서 60,000명의 사람들이 마다가스카르의 고지에 이주할 수 있을 것이라고 믿었고, 다른 위원인 레온 알터는 그와 달리 많아야 2,000명의 유대인이 마다가스카르에 이주할 수 있을 것이라고 믿었다.

독일 여론은 시시때때로 마다가스카르 계획들을 대면하게 되었다. 예컨대 가장 악랄한 반유대주의자였던 율리우스 슈트라이허는 1938년 1월 다시 한 번 이런 방식의 이송 계획을 선전해 댔다.

프랑스의 식민지 섬인 마다가스카르로 유대인을 보내는 것이 유대인 문제를 해결하는 하나의 가능성일 수 있다고 몇 년 전에 《돌격대》가 말했을 때, 우리는 유대인들과 유대인의 동지들에게 경멸을 받았고, 비인간적이라고 단정되었다. 오늘날 우리의 제안은 이미 외국 정치인들의 구상 속에 들어 있다. 프랑스 외무 장관인 델보스가 바르샤바에서 가진 회담에서 폴란드 민족을 압박하고 있는 유대인 문제를 언급했다고 일간지들은 전한다. 여기서, 넘쳐 나는 폴란드 유대인의 일부를 마다가스카르로 방출할 수도 있지 않을까에 대한 얘기도 있었을 것이다. 소원대로 이루어질지어다. 새로운 독일은 구원으로 나아가는 도상에 서 있다. 그리고 독일의 구원을 넘어 세계가 구원에 이르게 될 것이다. 영원한 유대인으로부터의 구원을.

마다가스카르 계획은 결코 박애적인 기획이 아니었다. 그것은 나치당의 주요 이데올로그인 알프레트 로젠베르크가 1939년 2월 7일에 외국 언론 대표들과 외교관들 앞에서 행한 연설에서 분명하게 드러났다. 그는 여기서 팔레스타인이 "앞으로의 이주 정책 대상지로 거론"되지 못하는 이유와, 개인이 전 세계로 이주하는 것이 바람직하지 않듯이 팔레스타인이 이주지로 바람직하지 않는 이유가 무엇인지를 상세하게 설명한 뒤, "마다가스카르나 가이아나에 유대인 거류지를 만들어서 유대인 문제를 해결하자는 제안"을 개진했다. 로젠베르크가 아랍 인들에게 동조의 뜻을 내비쳤다는 점을 차치하더라도, 그는 팔레스타인에 시온주의 국가를 세우는 것은 원치 않는 일이며 위험하다고 간주했다. 왜냐하면 그것은

"중동에서의 모든 유대인들의 권력 중심"이 될 것이며, 이는 전 세계 유대인의 지배욕을 작동시킬 토대로 활용될 것이기 때문이라고 했다.

그래서 팔레스타인은 유대인의 집단 이주를 위한 해결 방안으로 거론되지 않으며, 산발적인 이주도 문제를 해결하지 못할 뿐 아니라 인종주의적으로나 정치적으로 유럽과 다른 나라들에게 가장 심각한 위험을 야기하기 때문에, 유대인을 몽땅 이주시키는 것에 대해 민주주의자들이 준비할 용의가 있는지, 그리고 어떤 전체적으로 고립된 큰 영토를 제공할 준비가 되어 있는지가 풀어야 할 유일한 문제로 남아 있을 뿐이다. 이 영토는 대략 15,000,000명의 유대인을 수용할 능력을 갖춘 곳이라야 한다.

모든 유대인들을 격리된 장소에 게토화시켜야 한다는 발상은 처음부터 절멸의 환상을 갖고 있었다. 절멸시키지는 않더라도 열대 기후가 최소한 그들을 감소시킬 것이라는 확신에서 유대인을 위해 강구된 지역이 "지상의 끝"이었던 것은 결코 우연이 아니었다. 그래서 마다가스카르 이외에 가이아나도 때때로 논의되었던 것이다. 사람이 없는 황량한 빙토인 알래스카도 유대인 거류지로 거론되었고, 19세기 말에 벌써 반유대주의 작가인 칼 파시가 살인에 대한 대안책으로 또 다른 죄수 유배지를 제안한 적이 있다. 유대인 문제를 가장 간단하고 실용적으로 해결하는 방법은 절멸이다. 그러나 이것은 독일에서는 결코 가능하지도 실행될 수도 없는 것으로 보였기 때문에 그는 차선의 방법으로 유대인을 뉴기니로 유배시킬 것을 제안했다. 이 처방전은 1892년 단치히의 《반유대주의 슈피겔》에 공표되었다.

1940년 마다가스카르 계획은 몇 주일 동안 대단히 진지하게 실행되었다. 독일이 프랑스에 승리한 뒤, 그리고 영국의 항복이 임박했다고 믿어지면서 외무성의 외교 서기관인 라데마허(그는 독일 담당국 D국 3부에서 유대인 담당자로 일했다)가 프랑스로부터 탈환할 섬 마다가스카르를 어떻게 독일의 통치를 받는 유대인 게토로 만들 수 있는지를 계획했다. 식민 지구에 대한 전망을 통해 사실상 추방 계획을 뜻하는 식민 계획이 재촉된 반면에, 1940년 초에는 점령지 총독 하에 있던 루블린 지역에 유대인 거류지를 세운다는 내키지 않는 시도들이 조직상의 이유 때문에 불발로 끝난 것이 분명해졌다. 기술적인 문제 외에도 자신의 관할권 내로 유대인들을 추방하는 것을 저지하려는 폴란드 점령지의 관구 총독 한스 프랑크의 저항이 있었다. 1940년 7월 12일, 크라쿠프에서 그는 총독부 국장들 앞에서 다음과 같이 밝혔다.

나의 제안에 따라 이루어진, 총독 관구로의 유대인 수송이 더 이상 있어서는 안 된다는 총통의 결정도 대단히 중요하다. 아울러 으레 정치적으로 말해서 독일 제국, 총독 관구와 보호령에 머무는 모든 유대인 무리들은, 평화 협정이 체결된 뒤, 생각컨대 가장 짧은 시간 안에 아프리카나 아메리카 식민지로 수송될 계획이다. 지금 현재로서는 이 목적을 위해 프랑스로부터 양도받아야 할 마다카스카르에 대해 생각하고 있다.

한스 프랑크는 누구보다도 병합된 폴란드 서부 지역의 유대인들을 총독 관구로 이주시키는 데 저항했다. 괴링도 마찬가지로 그러한 유배에 대해 경제적인 이유로 반대했다. 친위대 총사령관이자 "독일 민족의 공고화를 위한 제국 위원"이었던 하인리히 히믈러는 인종 정책의 관점에 따라 유대인 강제 이송을 담당했는데, 1940년 5월에 그의 악명 높은 글 〈동부에서의 타민족 처리에 대해〉에서 다음과 같이 확언했다. "아프리카 아니면 식민지로 유대인을 모두 이주시킬 가능성을 통해 유대인이란 개념이 완전히 사라지는 것을 보고 싶다."

외교 서기관 라데마허의 지휘 아래 외무성에서는 마다가스카르 계획이 모양새를 갖추었다. 1940년 6월의 구상안으로는 1) 모든 유대인을 유럽에서 추방하고, 2) 서구 유대인과 동구 유대인은 격리하되, 동구 유대인은 "미국 유대인을 마비시키기 위해" "저당물로 독일의 손안에(루블린에?)" 머물러야 하고, 반면에 서구 유대인들은 마다가스카르로 이송시킨다는 것이었다. 원래 계획은 물론 제국 보안부에서 실행되었다. 1940년 6월 24일 리벤트로프에 맞서 "유대인 문제의 최종 해결"에 대한 자신의 관할권을 확인했던 하이드리히는 제국 보안부 4국 B실 4과의 책임자인 아돌프 아이히만에게 상세한 계획을 작성하도록 위임했다. 1940년 8월 15일에 외무성은 완성된 기획안을 받았는데, ("보호령인 보헤미아와 모라비아를 포함하는") 제국 영토의 "유대인 문제의 해결"은 이주로 인해 도처에서 드러나는 어려움들 때문에 "조만간에 마무리되기는 힘들 것" 같고, "대량의 동부인들이 들어온" 후로는 "이주를 통한 유대인 문제의 정리는 불가능하다"는 머리말이 기록되어 있었다. 따라서 독일 통치 영역에서 4,000,000명의 유대인들이 마다가스카르로 보내진다고 계산되었다. 왜냐하면 "다른 민족들이 유대인들과 계속 접촉하는 것을 피하기 위해 섬이란 성격을 갖는 해외에서의 해결이 모든 사람들에게 바람직하다."

"독일의 통치권 아래 유대인 거류지"를 세운다는 마다가스카르 계획은, 기획자의 의견에 따르면, "내부가 경찰 국가로 조직될" 사실상 집단 수용소의 성격을 갖는 게토인데, 유대인의 추방에서 유대인의 절멸로 발상이 진전하는 데 결정적인 진일보이다. 그리고 이 계획은 이미 이후의 강제 이송 조치와 절멸 실행의 모든 요소들을 포함하고 있다. 곧, 수송시 유대인 조직들의 강요된 협조, 이송되기 전의 유대인 약탈("재산 압류와 처분"), 끔찍한 조건 하에서의 수송이 그것이다. 한 사람당 최고 200킬로그램까지 "자물쇠로 잠그지 않은" 가방이 허락되었다. 120척의 배가 있고 여행하는 데 60일이 걸리므로, 매일 1,500명을 태운 배로 두 차례 수송하면 매년 1,000,000명의 유대인을 이송시킬 수 있다는 계획이었다. 4,000,000명이란 예상된 숫자를 위해 이 계획은 4년에 걸쳐 실행될 것이었다. 이 일의 재정은 무엇보다도 평화 협정에 의거하여 서방 세계에 살고 있는 유대인들에게 할당될 분담금이 사용될 텐데, 그 분담금은 "베르사유 조약의 효력에 따라 유대인들에 의해 독일 제국에 부가된 경제 및 여타의 측면과 관련된 모든 손실들에 대한 보상이다." "유대인 문제를 해결할 목적으로" 해당 규정을 채택하게 될 영국·프랑스와의 평화 협정의 테두리 내에서 필요한 배를 제공받게 될 것이라 희망했다.

그러나 중요한 전제였던 영국에 대한 승리가 뒤따르지 않았기 때문에 마다가스카르 계획은 1940년 8월에 계획이 마련되자마자 곧장 휴지가 되어 버렸다. 이 계획은 그래도 일시적으로 선전과 독일 대외 정책에서 이른바 좀 더 인간적인 유대인 정책이라는 허깨비로 기능했고 특히 〔유대인 정책의〕 진정한 의도를 위장하는 기능을 수행했다. 그 사이에 외교 담당으로 발탁된 라데마허는 1942년 2월 반제 회의가 끝나자마자 곧장 마다가스카르 계획의 서류들을 폐기해 버렸다. 그는 외무성 정치국 아프리카 담당자인 빌펠트 대사에게 다음과 같이 썼다.

> 1940년 8월, 내가 당신에게 우리 부서에서 기획한 유대인 문제의 최종 해결을 위한 기획안을 넘겨주었는데, 그것을 위해 평화 협정에서 마다가스카르 섬을 프랑스에게 요구할 것이고, 이 과업의 실무 진행은 그러나 제국 보안부로 위임되어야 한다고 말한 적이 있다. 이 계획에 따라 친위대 중장인 하이드리히가 총통으로부터 유럽의 유대인 문제 해결을 실행하도록 위임받았다. 그 사이에 소비에트 연방에 대한 전쟁이 최종 해결을 위한 또 다른 영토를 마련해 줄 가능성을 주기도 했다. 그에 따라 총통이 유대인은 마다가스카르가 아니라 동쪽으로 보내질 것이라고 결정했다. 그래서 마다가스카르는 더 이상 최종 해결을 위해 고려될 필요가 없어졌다.

"최종 해결"이라는 용어를 확고한 의미로 사용하고 있는 마다가스카르 계획을 절멸 모델로 특징 지을 수 있지만, 이국적이고 비현실적인 장소, 그리고 가설에 의한 계획이라는 점 때문에 민족 학살의 의도에 대한 결정적인 단서로는 그 효력이 부족하다. "유대인 문제"라는 제목으로 묶여 있는 1940년 12월에 작성된 잘 알려지지 않은 문서가 계획된 의도와 동시에 그 규모들을 밝혀 낼 수 있는 한층 더 분명한 단서를 제공해 준다. 여기서는 분명히 친위대 총사령관인 히믈러가 참석한 어느 강연에 기초하여 작성된 메모들과 기록들이 중요한데, 여기에는 유대인 민간인의 이동(구제국〔1937년의 국경선에 따른 독일〕, "오스트마르크"〔오스트리아〕, "보호령"으로부터의 이주와 폴란드 서부 지역으로부터의 "대피")에 대한 수치가 기록되어 있다. 의도적인 측면을 살펴보면, "유대인 문제"는 간단명료하게 두 국면, 곧 "(유대인 정치 조직들의 주도권이 보안경찰과 보안대로 이전됨으로써) 이주를 통한 유대인 문제의 초기 해결"과 "유대인 문제의 최종 해결"로 나뉘어진다. 이 공문서에는 "유대인들을 독일 민족의 유럽 경제권에서 곧 결정될 영토로 이주시킴으로써. 대략 5,800,000명의 유대인들이 이 프로젝트의 틀 속에서 고려되고 있다"는 내용이 덧붙여져 있다.

  추방에서 절멸로 나아가는 유대인 정책의 급진화 현상이 벌써 시작되긴 했지만, 그것이 완전히 실행될 가능성은 아직은 그저 희박할 뿐이었다. 소비에트 연방 침략과 함께 1941년 6월부터 민족 학살 계획자들이 감안하던 전제 조건들이 비로소 마련되었다.

8 동유럽에서의 학살

점령 지역 "특수 부대"와 살인 특공대 1941~1942년

독일과 독일 제국에 합병된 영토들과 주위 나라들, 곧 오스트리아와 병합된 동부 지역, 보호령 보헤미아와 모라비아, 그리고 총독관구(폴란드), 다음으로 서유럽과 북유럽의 점령 지역들, 끝으로 남유럽과 남동부 유럽에서 유대인의 강제 이송이 준비되거나 또는 계획되었던 한편 (1941년 6월) 러시아 전투가 시작되면서부터 이미 "보안 경찰과 보안대로 구성된 특수 부대"의 형식으로 절멸 기계의 일부가 존재했었다. 이 부대들은 친위대 총사령관인 하인리히 히믈러의 명령권 하에 놓여 있었고, 1941년 초에 내린 명령에서 나타나듯이 "명령의 테두리 안에서 독자적인 책임 하에 민간인들에 대한 행정 조치를 수행할" 권한을 가진 단위 부대였다. 이것은 정말 말 그대로 이해되었는데, 왜냐하면 특수 부대들은 "적대적인 세계관을 지닌 자들", 곧 소비에트 연방의 공산당 간부들, "당과 국가 기관 내의 유대인들", 그리고 나머지 "급진 분자들"을 처벌하는 임무를 맡았기 때문이다. 오스트리아가 합병된 후, 그리고 체코슬로바키아로 진군한 이후, 그것은 벌써 폴란드 전선에서 실험되었다. 이때 보안 경찰의 기동대들은 지식인, 학자, 정치인 등등의 잠재적인 반대자들을 살해했다. 러시아 전투가 시작된 후인 1941년 여름부터 특수 부대들──3,000명의 전체 병력으로 구성

된 4개의 특수 부대가 있었다——은 살인 특공대로 활동했고, 발트 지역(A 특수 부대), 벨로루시(B 특수 부대), 우크라이나(C 특수 부대)와 크림 반도(D 특수 부대)에서 정말 상상할 수 없는 정도의 민간인 학살을 자행했다. 1941년 6월과 1942년 4월 사이에 특수 부대들에 의해 거의 560,000명이 살해되었고, 여기에는 실질적으로 점령 지역의 유대인 민간인 전체가 포함되어 있었다. 남자들과 여자들, 그리고 아이들이 숲 속이나 들판으로 끌려가 총살되었고 집단 무덤에 매장되었다.

나치의 의미로 볼 때, 특수 부대들은 나치의 이데올로기적 업무를 수행하는 엘리트 부대였다. 이 살인 특공대들의 지도부에 고학력자가 한 사람 있었는데, 그의 이름은 슈탈엑커 박사였다. (제국 보안부의 〈소비에트 연방 사건 보고〉에 따르면) A 특수 부대의 부대장으로 9개월 만에 229,052명을 살인한 경력을 가진 그는 친위대 소장에 해당하는 직위를 가졌고 육군 소장 계급의 경찰이기도 했다. 이 지도부에는 11명의 법률가들(그중에서 9명이 박사 학위를 가진 사람들이었다)도 포함되어 있었다. 이 특수 부대를 위해 보안 경찰(게슈타포와 사법 경찰)과 친위대 총사령관의 보안대, 그리고 무장 친위대에서 남자들이 모집되었다. 여기다가 병역 의무가 있는 시민들(예를 들면 통역자들)이 합세했다. 그리고 특수 부대들은 '작전' 중에는 라트비아와 리투아니아, 우크라이나와 벨로루시에서 모집된 지방 보조 경찰들의 지원을 받았는데, 이들은 "경비대"라는 이름 하에 살인에 협조했다.

지방의 민병대들의 도움을 받아, 현지의 반유대주의를 활용하여 유대인 주민들에 대한 포그롬을 불러일으키는 것이 이 특수 부

대의 전술에 속했다. 당시의 리투아니아의 수도인 카우나스(코브
노)에서는 1941년 6월 말 독일군이 진격해 들어온 직후 이러한 일
이 일어났다. "1,500명이 넘는 유대인들이 리투아니아 빨치산들에
의해 제거되었고, 수많은 유대인 회당들이 불타거나 급기야 파괴
되었고, 약 60여 채의 집으로 이루어진 유대인 거류지가 불타 버
렸다." 이것은 슈탈엑커 박사의 보고 내용이다.

라트비아의 두 번째로 큰 도시인 리바우에서는 구경꾼들──
이 중에는 독일군의 사병들과 장교들이 많이 있었다──이 활발하게
참여하는 가운데 1941년 7월과 1942년 12월 말 사이에 수많은 개
별 "집행들"을 통해 2,731명의 유대인 남자들과 여자들, 그리고
아이들이 살해되었다.

1941년 8월, 키예프에서 70킬로미터 떨어진 벨라야-제르쿠
프에서 무장 친위대와 우크라이나 민병대로 구성된 단위 부대에
의해 수백 명이 넘는 유대인 남자들과 여자들이 총살되었다. 얼마
뒤에 그들의 아이들도 짐차에 실려서 사형장으로 수송되었고, 거
기서 총살되었다. 채 몇 개월도 되지 않은 아이부터 5살이나 6살
정도의 아이들까지 대략 90명의 아이들이, 우크라이나 "자위대"
의 감호 아래, 음식과 물도 없이, 비참한 상황 속에 남겨져 있었
다. 두 명의 군목이 개입한 가운데 독일군은 행동에 들어갔고 이
문제의 해결 방안을 모색했다.

육군 중령 그로스쿠어트는 제6군 사령관이자 육군 원수인 폰
라이헤나우에게 벨라야-제르쿠프에서 일어난 일의 경과를 보고
하면서, "무기 없는 민간인에 대한 폭력과 잔혹 행위를 피하기 위
해" 군대들을 깨끗한 군인 정신으로 교육하였다고 확실히 말했다.

여자들과 아이들에 대한 처형은 적들의 만행과 별 차이가 없었다고 했다. 그러한 작전에 대한 비난이 있고 난 뒤, 그 장교는 당연히 다음과 같은 결론에 이르렀다. "도시 전체의 유대인을 사형했더니, 어쩔 도리 없이 유대인 아이들, 무엇보다도 젖먹이들을 제거해야 할 필요성이 대두되었다. 이러한 비인간적인 고역을 피하기 위해서는 아이들의 처형이 부모들을 제거할 때 함께 곧장 이루어졌어야 했다." 라이헤나우 장군은 이 보고서에 불쾌하게 반응했다. 독일인의 행위와 "적들의 만행"을 비교하는 것도 그렇거니와 공개적인 보고서에서 그러한 기록을 읽어야 한다는 사실에 대해서도 못마땅하게 생각했고, 또 "이 보고서는 묻혀 있었으면 더 좋을 뻔했다"고 반응했다. 아이들은 얼마 지나지 않아 사형되었다. 그에 대한 명령권을 갖고 있던 친위대 단위 부대의 부대장은 부하들의 감정을 고려하여, 살인 작업은 우크라이나 인을 시켜 감당하도록 하라는 제안을 했다. 일은 그렇게 진행되었다.

모든 시민들 앞에서 연출된 살인인 "자발적인" 포그롬들에 이어 체계적인 총살이 이루어졌다. 가장 큰 학살은 키예프에서 발생했다. 그 규모는 차치하더라도 그 살인 행위는 동쪽에서 일어난 사건의 전형을 보여 주는 것이었다. 키예프와 동일한 방식으로 발트 지역과 벨로루시, 우크라이나와 러시아에서도 유대인들은 "제거되었다."

1941년 9월 28일, 키예프 주민들은, 이 도시와 러시아, 우크라이나, 독일어를 사용하는 주변 지역의 모든 유대인들이 이주될 예정이니 며칠 안으로 출두하라고 요구하는 벽보를 읽었다. "서류, 돈, 털옷과 같은 귀중품과 옷가지 등등은 가져와도 좋다. 이

지시를 따르지 않고 다른 장소에서 발각되는 유대인들은 사형될 것이다." 집합 장소로는 화물역 근처의 사거리로 적혀 있었고, 시간은 아침 8시였다. 그것은 실로 대피 행동 같아 보였다. 그러나 실제로 계획된 것은 베를린에 있었던 살인 본부의 서류들에서 읽을 수 있다. 〈소비에트 연방 사건 보고〉란 일련의 보고서 중 번호 97번에는 다음과 같이 적혀 있다.

보고에 따르면, 150,000명의 유대인이 있다. 이 수치의 확인은 아직은 가능하지 않다. 전체 유대인들을 색출해 내기 위해 취해진 조치인 첫 작전에서 1,600건의 체포가 이루어졌고, 최소한 50,000명의 유대인들의 사형 집행이 예상된다. 군부는 이 조치들을 환영했고, 과감한 일 처리를 간곡히 부탁했다.

1941년 9월에 우크라이나의 수도인 키예프에 독일 군대가 진격해 들어왔다. C 특수 부대의 "특공대 4a조"가 독일군을 바로 뒤따랐다. 독일군은 다음 여러 날에 이루어진 사건들에 가담했다. 그러나 그들은 사실 살인 자체보다는 폐쇄나 안전 조치를 담당하는 식으로 가담했고, 공병대들은 마지막에 흔적을 지우는 것을 도왔다. 키예프 유대인들에 대한 기습 작전의 성과는 기대 이상이었다. 그들은 열차를 통해 소비에트 연방 깊숙이 대피하는 것이라고 믿었고, 수송 시에 좋은 자리를 얻기 위해 집합 장소에 일찍이 나오고자 했다. 친위대의 보고에서도 드러나듯이 살인자들은 그것을 전혀 예상하지 못했다. "처음에는 단지 5,000명에서 6,000명 정도가 참가할 것이라고 계산했는데, 30,000명 이상의 유대인들이 참석했고, 대단히 기민한 조직화에 따라 사형 집행 직전까지 그들은 이주한다고 믿었다."

키예프의 외곽 지역인 바비야르의 골짜기로 걸어 들어갈 때까지도 대부분의 사람들은 아무것도 예감하지 못했다. 그들은 곧 인산인해를 이루었다. 살인자들은 틀림없는 계산을 위해 한 사람도 빠짐없이 기록부에 적었다. 이 일을 돕는 사람들로 우크라이나 사람들이 고용되었다. 즉, 경찰들과 나치 점령 정부의 동조자들이 보조 경찰에 임명되었다.

희생자들의 소유물의 수송을 맡게 된 한 독일 트럭 운전사는 그 행위를 낱낱이 말한다.

내가 관찰한 바에 따르면, 그곳에 도착한 유대인 남자들과 여자들, 그리고 아이들까지 우크라이나 인들에 의해 접수되었는데, 그들은 여러 장소로 인도되어 그곳에서 차례차례 우선 짐과 점퍼, 신발과 상의, 그리고 아랫도리까지 죄다 벗어 놓아야 했다. 똑같은 방식으로 정해진 곳에서 그들의 귀중품들을 내놓아야 했다. 갖은 옷가지들로 굉장히 큰 더미가 만들어졌다. 이 모두는 대단히 빠르게 진행되었고, 머뭇거리는 사람은 우크라이나 인에게 발길질과 뭇매질을 감내해야만 했다. 한 사람이 점퍼에서 시작해서 완전히 벗은 몸으로 되는 데까지는 1분도 채 필요하지 않았던 것 같다. 이때 남자들과 여자들과 아이들 간에는 차이가 없었다. ……알몸이 된 유대인들은 길이가 대략 150미터, 너비가 30미터, 그리고 깊이가 족히 15미터가 됨직한 구덩이로 끌려갔다. 이 구덩이로 가는 좁은 입구가 두 개 내지 세 개가 있었는데, 바로 이 길을 통해 유대인들은 그곳으로 들어갔다. 구덩이의 가장자리에 도착한 그들은 보안 경찰관들에 붙잡혀 이미 총에 맞아 쓰러진 유대인 위에 눕혀졌다. 이 모두는 대단히 빨리 이루어졌다. 시체들은 겹겹이 층을 이루었다. 그렇게 한 유대인이 그곳에 눕혀지면 보안 경찰 사수들이 자동 권총을 가지고 와서 그곳에 누워 있는 사람의 목덜미에 대고 총을 쐈다. 그 구덩이에 온 유대인들은 이 끔찍한 광경을 보고서 경악했고, 그들은 완전히 살 의욕을 잃었다. 심지어 그들 스스로 가지런히 누워서 총알을 기다리는 경우도 발생했다. …… 희생자들이 그 길을 통해 구덩이로 와서 마지막으로 그 끔찍한 광경을 보았을 때, 그들은 울부짖었다. 그러나 곧 그들은 …… 쓰러졌고 죽은 사람들 위에 놓여졌다. 다음 차례의 유대인은 이 몸서리치는 광경을 곧바로 볼 수는 없었다. 왜냐하면 구석으로 돌아가야 했기 때문이다.

25년 뒤 특공대 4a조의 살인자 중 한 사람은 독일 법정에서, 그가 살인 행각에 어떤 식으로 가담하게 되었는지를 진술하면서 살인자들이 감당해야 했던 정신적인 부담에 대해서도 이해해 달라고 요구했다고 법정 기록에 남아 있다.

사형 집행 장소에 도착하자마자 나는 곧장 다른 동료 병사들과 함께 우묵하게 파여진 곳으로 내려가야 했다. 시간은 얼마 걸리지 않았고, 구덩이 비탈을 지나 첫 번째 유대인들이 벌써 우리에게 끌려나왔다. 유대인들은 얼굴을 구덩이 벽면 바닥 쪽으로 떨구고 있어야 했다. 구덩이에는 세 그룹의 사격수들이 있었는데, 합쳐서 모두 12명이었다. 시간에 맞추어 이들 사격수 그룹에게로 위에서부터 유대인들이 걸어서 내려왔다. 뒤따라오는 유대인들은 먼저쓰러진 유대인들의 시체 위에 엎드려야 했다. 사격수들은 언제나유대인들 뒤쪽에 서 있었고 목덜미에다 총을 쏘아 그들을 죽였다. 구덩이 바깥 위 가장자리에서 구덩이 안에 놓여 있는 시체들을 처음 내려다볼 수 있었던 유대인들이 얼마나 경악했는지 아직도 기억이 생생하다. 많은 유대인들이 끔찍한 광경을 보고 울부짖었다. 아무도 그 아래에서 이처럼 더러운 일을 수행하는 데 얼마만큼의 정신력을 요구하는지 상상할 수도 없을 것이다. 정말 몸서리치는일이었다. …… 나는 오전 내내 그 구덩이 아래에 머물러 있어야만 했다. 거기서 나는 일정한 시간 간격으로 쏘고 또 쏘았다. 그런다음 자동 권총 탄창에 실탄을 채우곤 했다. 이러는 동안에 다른동료들이 사격수로 투입되었다. 정오가 되어서야 우리는 그 구덩이에서 빠져나올 수 있었고, 오후에는 다른 사람들과 함께 위에서유대인들을 구덩이로 인솔하는 일을 했다. 그때는 다른 동료들이구덩이 밑에서 총을 쏘아 댔다. 유대인들은 우리에 의해 구덩이가장자리로 끌려갔고, 그곳에서부터는 스스로 그 비탈을 걸어 내려갔다. 이날의 총살은 아마도 …… 오후 5시나 6시까지 걸렸던것 같다. 그런 다음 우리는 다시 막사로 돌아왔다. 그날 저녁에는다시 술(화주)이 지급되었다.

그 살인은 이틀이나 걸렸다. 1941년 10월 2일자 소비에트 연방 사건 보고 101번이 베를린으로 날아들었는데, 그 보고서에는결과가 군대식으로 요점만 간단히 들어 있었다.

특공대 4a조는 사령부와 남부 경찰 연대 소속의 두 분견대와 협력하면서 1941년 9월 29일과 30일에 키예프에서 33,771명의 유대인에 대한 사형을 집행했다.

살해된 사람의 숫자는 행위자, 구경꾼과 몇몇 생존자들의 진술에도 확인되었다. 전쟁이 터지기 전에는 경찰에 복무했고, 아마도 다른 살인자들과 마찬가지로 집에서는 좋은 아버지로, 동물을 좋아하고 클럽의 회장을 지냈으며, 친절한 이웃이며, 식당의 유쾌한 단골 손님이었던 특공대의 한 대원은, 도저히 피할 수 없었던 명령에 따라 자신의 의무를 다한 것 외에는 아무것도 아니었다고 당당하게 진술했다.

사형 집행이 있은 지 3일 뒤에 우리는 또 사형 장소로 보내졌다. 그곳에 도착했을 때 한 여자가 숲 속에 앉아 있는 것을 보았는데, 사형 집행 때 상처를 입지 않고 살아남은 것 같아 보였다. 이 여자는 우리와 동행했던 보안대원——이름은 모르겠다——에 의해 살해되었다. 그리고 시체들로 산더미가 된 데서 또 한 사람이 손을 흔들고 있는 것을 보았다. 그 사람이 여자였는지 남자였는지, 잘 모르겠다. …… 이날 이후로 나는 더 이상 사형 장소에 가지 않았다. 우리는 그런 다음 며칠 동안 사형된 유대인들의 소지품에서 나온 지폐를 펴는 일을 했다. 수백만 마르크 정도였던 것으로 추산되었다. 그 돈이 어떻게 되었는지 나는 모른다. 그 돈은 포장되어 다른 곳으로 보내졌다.

다음 날부터 그 시체들은 흙으로 덮혀졌다. 독일군의 한 공병 부대가 그 구덩이의 벽들을 부수라는 지시를 받았다. 그 구덩이는 정말 엄청난 크기의 집단 무덤으로 변했다. 친위대의 공식 사건 보고서에는 다음과 같이 적혀 있었다.

유대인들을 대상으로 수행된 "이주 조치"는 처음부터 끝까지 주민들의 동의를 받았다. 유대인들이 실제로 제거되었다는 사실 은 이제까지 거의 알려지지 않았고, 여태까지의 경험에 따라 생각 해 볼 때, 거부에 부딪칠 것 같지도 않다. 이처럼 집행된 조치들은 마찬가지로 독일군에 의해서도 받아들여졌다.

바비야르에서의 살인은 1943년 8월까지 계속되었다. 이 비극 의 마지막 장은 바로 유대인 수용소 감금자들이 그 시체들을 처리 하도록 강요받았다는 사실에 있다. 즉석에서 마련된 화장터에서 그 시체들은 화장되었고, 타다 남은 재 속의 뼈들은 빻아졌다. 독 일군이 우크라이나에서 퇴각한 이후 그 범죄에 대해서는 그 어떤 것도 기억되어서는 안 되었다. 동부에서의 대량 학살의 흔적을 제 거하는 일은 1943년 초부터는 친위대 대령인 파울 블로벨 휘하의 "1005 특공대"의 임무였다. 그는 1941년 9월 바비야르에서의 대 량 학살의 책임을 떠맡았던 단위 부대의 부대장이기도 했다. 블로 벨은 1948년 뉘른베르크에서 사형 선고를 받았고, 1951년 란츠베 르크에서 처형되었다.

유대인들에 대한 학살은 상대적으로 공개적으로 이루어졌다. 독일군과 점령지 관청에서도 이를 알고 있었고, 친위대의 단위 부대에서만 저질러진 것이 결코 아니었다. 1942년 7월 13일, 폴란드 요제포프에 주둔하고 있던 101 예비역 경찰 대대 부대원들은 명령에 따라 1,500명의 유대인 남자들, 여자들, 아이들을 목덜미 사격으로 살해했다. 그 대대의 대대장은 그 명령에 자포자기했고, 민간인 신분일 때에는 치안 경찰Orpo이었던 행동 대원들은 그러한 부당한 요구에 격분했지만, 이내 의기소침해졌다. 그 뒤의 루블린 지구의 학살, 게토의 청소, (은닉자를 찾아내어 죽이는) "유대인 사냥", 마이다네크와 포니아토바 대작전에서 잇따른 학살따위를 통해 그 사내들은 살인에 익숙해졌다. 전쟁이 끝난 후, 민간인 직업——함부르크에서는 대다수가 경찰이었다——으로 돌아갔던 대략 500명의 남자들은 폴란드 영토에서 일어난 최소한 83,500명의 살인에 가담했었다(1960년대에 210명의 대대 소속 부대원들이 심문을 받았고, 14명이 기소되었으며, 불과 몇 명 정도가 가벼운 징역형을 선고받았을 뿐이다).

그러나 유대인 대학살은 점령된 동부 지역에서만 일어난 것은 아니었다. 1941년 4월 이래 독일 군대가 전쟁을 수행하고 점령 통치를 행사하던 유고슬라비아에서도(크로아티아는 독자적인 파쇼 국가가 되었고, 세르비아는 독일의 군정 하에 놓여졌다) 똑같은 모델을 따라 홀로코스트의 과정이 진행되었다. 세르비아에는 1941년 17,000명의 유대인이 살고 있었는데, 이들은 독일 통치 하에서 차별, 권리 박탈, 약탈로 이어지는 모든 국면들을 겪어야만 했고, 다른 지역들과 비교해 볼 때 유일한 차이점이라고 한다면 이곳의 진행 속도가 훨씬 빨랐다는 점이다. 색출에서 육체적인 절멸까지 몇 시간도 걸리지 않았다. 독일 점령 1년 뒤에 세르비아는 "유대인이 없는" 지역이 되었다.

또 게토화의 국면을 건너뛰었고 독일군이 이 지역의 유대인 근절에 다른 지역보다 더 적극적으로 참여하였다는 점이, 폴란드와 다른 동부 지역에 비해 다른 점에 속한다. 빨치산 퇴치라는 구실 하에 유대인들과 로마들은 인질로 붙잡혔고, 군대의 "토벌"도 중에 총살되었다. 독일군과 군 사령부, 그리고 외무성(베오그라드에서 유대인 담당관인 라데마허가 대표자로 일하고 있었다)이 어울려서 수많은 작전들에서 유대인 남자들과 남자 로마들을 쏘아 죽였다. 육군 중위였던 발터는 1941년 11월 1일에 433 보병 연대 소속 부대원들에 의한 "유대인과 집시들의 사살"에 대해서 보고하였다.

총살 자체는 매우 빠르게 진행된 반면(40분에 100명), 구덩이를 파는 데 가장 많은 시간이 걸렸다. …… 유대인의 처형이 집시들보다 한결 간단했다. 유대인들은—매우 조용히 서서—침착하게 죽음을 맞이한 반면, 집시들은 사형장에 들어서자마자 울부짖고, 소리지르고, 계속 움직였다는 점을 나는 인정한다.

여자들과 아이들은 샤미스테 수용소에 감금되었다. 몇몇 백발노인들과 강제 노역을 위해 차출된 500명 가량의 남자들, 대략 300명의 로마 여인들과 아이들까지, 그곳에는 모두 합쳐서 7,500명의 사람들이 있었다. 그들은 1942년 3월에서 5월까지 가스차 안에서 살해되었고, 샤미스테에서 베오그라드를 거쳐 야인체로 실려가서, 그곳에서 끌어내려져 구덩이에 내버려졌다. 베를린에서

실전에 배치되기 위해 베오그라드로 보내졌던 가스차들은 다시 베를린으로 되돌아왔다. 베를린에서 검사를 받은 이 차량들은 곧장 벨로루시(민스크)에 다시 투입되었다.

9 독일로부터 유대인의 강제 이송

1941년 가을, 체계적이고 행정적으로 규제되고, 세부적인 사항까지 짜여진 독일에서의 유대인의 강제 이송과 함께 나치의 유대인 정책의 마지막 국면이 시작되었다. 이제부터 유대인 정책은 오로지 유럽 유대인을 완전히 근절한다는 목적을 향해 곧장 나아갔다.

그러한 준비들은 철저히 이루어졌고, 1941년 10월 중순에 완료되었다. 도처에서 유대인들은 "대피"를 위해 집합 장소로 나오라는 이제는 굉장히 강화된 요구를 받았다. 그들은 "동부로 이주"할 때 가지고 가야 할 것은 무엇인지, 집을 어떻게 정돈해 놓고 가야 하는지(전기, 가스, 수도 요금은 여행 전에 납부해야만 한다)에 대한 행동 규칙을 지시받았고, 그들의 전 재산은——"대피 번호"를 받는 것과 동시에——1941년 10월 15일로 소급해서 국가 경찰에 의해 몰수되었고, "이 시점 이후에 이루어지는 재산에 대한 처분(선물이나 매매)은 효력이 없는" 것이라고 공식적으로 고시되었다. 그 외에도 그 사이에 매각되거나 선물로 준 물건들의 새로운 소유자의 이름과 주소를 나란히 기록한 재산 명세서를 작성하라는 명령이 내려졌다. 재산 목록에 첨부해야 하는 것은 부채 증서, 유가 증권, 보험 증서, 매매 계약서 등등과 같은 관련 증서 모두였다.

이와 같은 내용으로, 유대인 재산 약탈은 약탈당하는 당사자들이 행정적인 잡무를 직접 처리하도록 강요했고, 이것은 1935년의 '뉘른베르크 법령'에 속하는 '제국 시민법'의 11차 법규에 따라 공식적으로 합법화되었다. 그 법령들과 더불어 유대인들의 권리들은 하나둘 박탈되었고, 제때 국외로 이주하지 못한 사람들은 모두 결국은 게토와 절멸 수용소로 강제 이송되었다. 1941년 11월 25일에 효력을 발생한 이 11차 법규는 유대인들이 독일 국적을 상실한다는 것과 어떤 조건 하에서 그렇게 되는지를 정해 놓았는데, 그 각각의 조항들에 따르면, "주거를 외국으로 이전"하면 자동적으로 국적이 상실되었다. 그 규정의 목적은 분명했는데, 3조에는 다음과 같이 씌어져 있었다. "유대인의 재산은 …… 국적의 상실과 함께 제국에 귀속된다." 이 규정을 피해 갈 모든 가능성이 배제되면서 제국 보안부의 유대인 사무 담당 부서——그러니까 베를린의 게슈타포 본부——는 유대인의 재산에 대한 처분권 제한을 공식 발표했다. 또한 1941년 11월 27일 날짜가 적힌 이 명령은 1941년 10월 15일로 소급하여 적용되었다. 이 규정의 의도는 유대인들이 추방되기 전에 재산을 이전시키는 것을 저지하려는 것이었다.

이처럼 소급 적용된 국적 상실과 재산 상실에 관한 법적인 규정은 진의가 분명한 것이었고, "주거"를 외국으로 이전한다는 것도 역시 유대인들 스스로 결정할 수 있는 일이 아니었다. 1938/39년 나치 관청에서 강요하던 국외 이주는 1941년 가을부터 공식적으로 금지되었다. 당사자들도 자신들에게 무슨 일이 발생할지에 대해 아직 몰랐으며, 그들은 대피할 생각조차 전혀 하지 않았다. 독일 유대인들을 붙잡는 역할을 수행할 그물망의 마지막 틈새를 막기 위해, 곧 최종적으로 그들의 생존을 절멸하기 위해, 제국 내무성은 1941년 11월 초 제국 시민법을 위한 11차 법령의 실행을 위한 비밀 규정안에 강제 이송의 경우를 "외국"이라는 개념으로 규정했다. "국적 상실과 재산 상실은 독일 군단에게 점령되거나 또는 독일 관청에서 인수한 지역들에서, 특히 총독 관구와 오스트란트(발트 해 지역 국가들)와 우크라이나 제국 경찰 관할 지역들에서 거주하거나 앞으로 거주하게 될 유대인들에게도 적용된다."

독일에서 유대인을 추방하기 위한 기본틀은 이러한 법률상의 조항들과 함께 만들어졌다. 그리고 또 제국 영토에서 유대인을 강제 이송하는 것도 이미 여러 곳에서 실험적으로 이루어졌다. 대단위로 유대인 민간인들을 게토화시키고 추방하는 일은, 1939년 가을에 폴란드 전선이 마무리되자마자 곧장 폴란드 서부 지역의 합병을 계기로 시작되었다. 전쟁이 시작된 지 거의 반년이 지난 다음, 포메른에서 처음으로 독일 유대인들이 강제 이송되었다. 1940년 2월 12일, 슈체틴과 그 주변에 거주하고 있던 천 명의 유대인들이 밤중에 집에서 붙잡혀서 루블린 옆의 마을 세 곳으로 이송되었다. 슈나이데뮐 행정 구역의 유대인 360명도 1940년 3월에 똑같은 운명을 겪었다. 이 행위는 주거 공간이 "전시 경제를 위해 시급하게 필요하다"는 이유로 설명되었다. 이 강제 이송에서 살아남은 사람은 얼마되지 않았고, 거의 대부분은 1942년 초에 시작된 대량 학살에 희생되었다.

1940년 10월 말, 바덴 지구와 자알팔츠에서 실행된 또 하나의 조치는, 나치당 지구 위원장인 로베르트 바그너(바덴)와 요제프 뷔어켈(자알팔츠) 두 사람의 주도 아래 시작되었다. 엘자스(알자스)와 로트링엔(로렌)의 민정民政 대표를 겸임하고 있었던 그들은 특별 전권을 갖고 있었고, 대략 6,500명의 유대인을 게슈타포가 체포하도록 허락하는 권한들도 바로 여기에서 연유한 것이었다. 유대인들은 열차를 통해 더 큰 도시들에 있는 집합 장소들에서 점령되지 않은 남프랑스로 추방되었는데, (베를린에서 다소 항의가 있긴 했지만) 프랑스의 비시 정부가 그들을 감금시켜 버렸다. 비록 많은 사람들이 수송 동안에 또는 수송이 끝나자마자 곧장 죽어 버렸음에도 불구하고, "뷔어켈 조치"로 강제 이송된 사람들 중 1/3이 살아남았다. 남서부 독일과 마찬가지로 포메른에서 일어난 두 조치는 지역적으로 제한된 것이었고, 당분간 후속 조치는 없었다. 독일 유대인들에게는 그것이 마지막 숨 쉴 틈이었던 셈이다. "합병" 이후 오스트리아에서부터의 강제 이송들처럼 그러한 조치들 자체는 독일 제국의 모든 유대인들을 일괄적으로 추방하기 위한 실험 사례로 보아야만 한다.

동부의 친위대 특수 부대들이 오래 전부터 폴란드, 우크라이나와 러시아 유대인들에 대한 대학살을 저지르는 동안에, 서부의 게슈타포들은 강제 이송을 준비하고 있었다. 반제 회의가 있기 전에 이미 그것을 위한 필수적인 장치들이 본격적으로 가동되었다. 강제 이송은 전 제국에 걸쳐 일반 규준에 따라 조직되었다. 1941년 11월 초부터 치안 경찰의 감시 아래, 집결지 역할을 하는 주요 장소들에서 대략 1,000명을 단위로——수송 시설들이 시급하게 필요하다는 군부 쪽의 회의에도 불구하고——열차를 통해 강제 이송되었다. 리가와 민스크를 목적지로 하는 이송 열차들이 베를린, 함부르크, 하노버, 도르트문트, 뮌스터, 뒤셀도르프, 쾰른, 프랑크푸르트암마인, 카셀, 슈투트가르트, 뉘른베르크, 뮌헨과 브로추아프에서 제국 영토를 떠났다(1941년 11월 중간 규모의 기차 네 대는 코브노(카우나스)로 방향을 바꾸었다). 대략 20,000명의 구제국 유대인들이 이 추방 물결에 휩싸였고, 게다가 "오스트마르크"(집결지는 빈)와 "제국 보호령 보헤미아와 모라비아"(집결지는 프라하)의 30,000명이 더 추가되었다. 이러한 수송은 1941년 11월 8일에서 1942년 1월 25일까지 이루어졌다. 1942년 3월 6일에는 제국 보안부에서 아이히만과 동부 지역 게슈타포 기관의 대표자들이 함께 일련의 후속 강제 이송에 대해 거론하였다. 구제국과 "오스트마르크", "보호령"의 유대인 55,000명——그중에서 17,000명은 독일 유대인이었다——이 1942년 3월부터 동쪽으로 수송되었는데, 일부는 처음에 이츠비카와 피아스키 같은 임시 수용소로 수송되어 강제 노동을 강요당했고, 그런 다음 절멸 수용소인 베우제츠(루블린 지구)와 소비부르로 수송되었다. 1942년까지는 여전히 리가로 향하는 수송이 이루어지고 있었다. 사실상 희생자들의 시민 생존권의 말소를 의미하는 추방의 행정 절차상에서는 강제 이송의 목적지로 종종 "동부"라고만 기록되었고, 따라서 종종 개개인의 운명을 죽음의 장소에까지 추적해 간다는 것은 거의 불가능할 정도로 힘들다.

리가-스키로타바의 "제국 유대인 게토"는 1943년 11월 2일에 철거되었고, 1941년 말에 그쪽으로 추방된 사람들은 모두 A 특수 부대의 총구 아래 쓰러졌다고 추정된다. 피아스키와 이츠비카로 끌려간 사람들은 1943년 초에 베우제츠와 소비부르의 절멸 수용소의 가스실에서 시체로 발견되었을 것으로 추정된다. 루블린에서 남동쪽으로 20킬로미터 떨어진 피아스키에서 1942년 6월에

6,000명이 트라브니키로 수송되었고, 1942년 11월에는 알려지지 않는 규모의 인원이 절멸 수용소 소비부르로 이송되었는데, 1943년 2~3월 그 수용소는 말끔히 정리되었고, 그 감금자들은 트라브니키와 절멸 수용소 베우제츠로 보내졌다.

트라브니키는 1941년과 1943년 사이에 루블린 지구에 있던 간이 수용소였다. 루블린 지구에 있는 폴란드 도시인 크라스니스타프 근처의 목적지 이츠비카로 수송되는 사람들은 간혹 오랫동안 그곳에 머물기도 했지만, 대부분의 경우 짧게 머문 뒤에 절멸 수용소인 베우제츠, 헤움노, 소비부르, 마이다네크 또는 트레블링카로 계속 수송되었다.

신빙성이 있다고 생각되는 자료인 게슈타포 서류들을 통해 개인에게 닥친 강제 이송의 운명을 다시 한 번 추적해 볼 수 있을 것이다. 1941년 11월 23일, 결혼 전 성이 엥엘하르트인 마르타 "사라" 한트부르거는 게슈타포의 뉘른베르크-퓌어트 사무소 뷔어츠부르크 지국으로부터 11월 27에 대피될 것이고 전 재산은 몰수될 것이라는 통보에 서명했다. 그 서명은 "통보"라는 제목의 여러 장의 문서들 위에 있었다. 그 서류의 날짜도 정확히 적혀 있었고, 사법 경찰의 서명도 함께 보였다. 손으로 기록한 마르타 한트부르거의 대피 번호 239번 이외에도 뷔어츠부르크의 마지막 주소인 힌덴부르크 가 21번지도 적혀 있었다.

"대피" 3일 전, 대피되기로 결정된 뷔어츠부르크의 유대인들은 자신들에게 닥친 일을 위한 행동 규칙을 전달받기 위해, 자신들의 시민적 생존의 나머지를 처분하는 마지막 장에 대한 지시를 받기 위해 소환되었다. 마르타 한트부르거(그리고 201명의 뷔어츠부르크 유대인들도 동일한 사항을 전달받았는데)는 "전 재산은 1941년 10월 15일자로 국가 경찰에 의해 소급 몰수될 것이고" "이 시간 이후로 이루어지는 재산 일부의 처분(선물이나 매매)은 효력이 없는 것"이라는 지시를 받았다. 재산 목록을 작성하라는 명령이 내려졌고, 그 사이에 매각되거나 선물로 준 물건들은 새 주인의 이름과 주소를 기입하라는 지시를 받았다. 이 재산 목록에는 부채 증서, 유가 증권, 보험 증서, 매매 계약서 등등과 같은 관련된 서류들이 모두 첨부되어야만 했다.

1941년 11월 23일, 뷔어츠부르크 사람인 마르타 한트부르거의 손에 쥐어진 설명서는, 모든 것이 주도면밀하게 계획된 그대로, 심지어 수송비를 희생자들에게 부과하는 것까지, 그 기구가 얼마나 효과적으로 작업을 진행시켰는지를 확인해 주었다. 한트부르거 부인은 다음과 같은 사항들에 대해서도 알게 되었다.

지금 내가 가지고 있는 배급 카드로 최소한 3주 동안의 행군 식량에다 4일치 휴대 양식을 조달할 수 있을 것이다. 내가 만일 이것을 사전에 소비하게 된다면, 더 이상 배급을 요구할 권리가 없다는 점을 나는 잘 알고 있다. 더욱이 내가 수송 가방 ── 최고 무게 50킬로그램(밀봉된 물품은 안 됨!) ── 을 1941년 11월 26일 8시와 10시 사이에 화물 역인 아우뮐레에 가져다 놓아야 한다는 것도 지시받았다. 그 외에도 1941년 11월 25일부터 게토에 있는 내 가방은 유대인 노동대가 인수할 수 있도록 준비해야 한다. 수송 비용으로 나는 60마르크를 지참할 것이다.

강제 이송 결정이 난 사람들은, 11월 24일에 재산 목록 이외에도 모든 귀중품과 서류들은 "편지 봉투를 확실히 개봉한 채로" 정확한 주소와 대피 번호를 기입해서 가져오라는 명령을 받았다. 그날부터 11월 26일까지 오후 2시에서 4시 사이에는 시청에 대피 신고를 해야 했다. 이토록 불행한 사람들에게 자신의 집을 정리 정돈할 시간마저도 주어졌는데, 자기 집을 정리한다는 말은 곧,

1941년 11월 26일 집을 떠난 뒤에 내 집은 경찰들에 의해 폐쇄될 수 있다. (가스, 전기, 수도 등등은 해지하고) 상할 만한 물건들은 치워야 한다. 난로의 불은 꺼야 한다. 나는 내 집을 깨끗이 치워야 한다. 가스비와 전기료는 시 담당국에 사전에 반드시 지불해야 한다. 나는 집 관리인에게 대피한다고 알려 줄 것이다. 집과 방의 모든 열쇠는 나의 뷔어츠부르크 주소가 적혀 있는 꼬리표로 표시해 놓아야 하고, 시청에 가서 게슈타포의 뷔어츠부르크 지국에 넘겨주어야 한다.

뷔어츠부르크 게슈타포의 서류에는 마르타 한트부르거와 아돌프 한트부르거 부부의 시민 생존권의 종식을 보여 주는 몇 가지 개인 자료들이 있다. 공동 명의로 작성된 재산 설명서를 보면 간단한 살림 도구와 옷가지들 외에도 2,788마르크의 예금과 1,700마르크 이상의 유가 증권을 소유하고 있었던 것으로 보인다. 의사의 진단서는 아돌프 한트부르거 씨가 한 건축 회사에서 일하는 동안 입은 상처와 관련해서 발행된 것이다. 출생 신고서, 방공 훈련 증명서도 있고, 1941년 4월 21일자 슈투트가르트 미국 총영사관의

고지서도 있는데, 미국으로의 이주 신청이 접수되었음을 알리는 내용이다. 이 서류철에서 유일하게 개인 식별용으로 기록된 것은 등록 번호 25404번이었는데, 이것은 두 사람에게 부여된 것이었다. 이 번호의 소지자는 뷔어츠부르크 게슈타포의 대피 번호 238번과 239번의 소지자와 동일했다는 것이었다. 한트부르거의 서류철은 친위대 총사령관의 법령에 따라 "동쪽 나라로" 대피했다는 표시로 마무리되었다. 이 서류철에 첨부된 문건은 "1941년 11월 27일, 뉘른베르크에서 위 사람들의 몸수색을 할 때 발견되어 보관한다."

40명의 아이들과 청소년들이 포함된 202명의 뷔어츠부르크 유대인들은 정확히 11월 26일에 시청에 출두하였다. 그들은 엄격히 통제받았고, 여기서 자신들의 소지품의 일부를 잃게 되었다. 게슈타포는 유대인들에게서 압수한 사진기와 칼, 가위, 우표, 그 밖의 물건들에 대한 목록을 작성했다. 시청 강당에서 밤을 지새운 유대인들은 1941년 11월 27일 새벽 4시경에 아우뮐레 역으로 끌려갔다. 네 량의 객차와 두 량의 화차가 그들을 기다리고 있었고, 이들은 화물 열차에 실려 5시 50분경에 뷔어츠부르크를 떠나 10시 36분에 뉘른베르크에 도착했다. 랑바서 수용소는 독일 땅 내에 있는 마지막 역이었다. 여기서 최종적인 수송이 일괄적으로 이루어진다. 뉘른베르크에서 강제 이송된 535명의 유대인이 있었고, 11월 27일 오후에는 106명이 밤베르크에서 합류했고, 코부르크와 바이로이트의 유대인 공동체 성원들까지 1,000명을 꽉 채웠다.

뉘른베르크-랑바서에서 주도면밀한 몸수색과 약탈이 몇 시간 동안 지속되었다. 첫 번째 방에서 가방 수색이 이루어졌고, 금지된 물건들(보석과 돈을 비롯한 여러 가지 것들)은 압수되었다. 다른 방에서는 (고향 땅에서 제출하지 않은) 서류와 귀중품 들을 제출하도록 했다. 대개의 경우 신분 증명서와 시계, 결혼 반지였다. 세 번째 방에서는 정말 어처구니없는 몸수색이 벌어졌다. 게슈타포는 아무것도 몰래 가지고 와서는 안 된다는 것을 분명히 확인하고자 했다. 네 번째 방에서는 재산 상실과 관련된 송달장이 정식으로 작성되었고, 신분 증명서는 마지막 행정 절차로 "대피되었음"이란 도장이 찍혔다. 친위대원들이 감시하는 막사 내에서 유대인 조력자들이 질서와 청결을 도맡아 처리하는 동안, 이제는 출발 신호를 기다리는 것만이 남아 있을 뿐이었다. 11월 29일 12시 30분경, 기차의 출발 준비가 완료되었다고 보고되었고, 15시경에 기차는 움직이기 시작했다. 목적지는 라트비아의 수도인 리가였는데, 당시 독일의 관리 하에 있던 "제국 총독 관구 오스트란트"에 속해 있었다.

강제 이송되는 유대인들이 동쪽으로 이주하기 위해 대피되는 것이며, 그래서 자신들에게 정해진 이삿짐과 살림살이를 가져오라고 알렸던 것이라고 믿게 했다. 이러한 물건들은 이스라엘 예배 공동체에서 선출된 유대인 자원자의 도움으로 기차에 실렸다. 뷔어츠부르크에서는 다음과 같은 "게토 화물"이 기차역으로 실려갔다. "15대의 재봉틀, 연통이 달린 29대의 난로, 50장의 창문 유리, 그리고 푸줏간용, 구두 수선용, 정밀 기계용, 이발용, 조각용, 재단용, 건축 공구용 장치들⋯⋯."

리가까지는 기차로 3일 밤낮이 꼬박 걸렸다. 허기와 목마름에 다가 동행한 친위대원들의 학대까지 덧보태졌다. 스키로타바 역에서 기차는 정지하였고, 독일과 라트비아 친위대들의 매질과 학대를 받으며 유대인들은 예전에 농장으로 쓰이던 "융페른호프"로 이동되었다. 사람들은 헛간과 가건물에서 묵었다. 그곳은 너무나 추웠고 위생 상황은 참담할 지경이었으며, 음식은 너무나 부족했다. 이곳에 함께 감금된 5,000명의 사람들 중에서——바이에른에서 온 수송 열차 외에도 네 대의 이송 열차가 더 도착했는데, 두 대는 빈에서, 한 대는 함부르크에서, 한 대는 비어템베르크에서 왔다——매일 20명에서 30명이 죽어갔다. 마지막에는 그 수가 너무 많아서 화장용 장작 더미 위에서 시체를 화장시켜야만 했다. 땅이 꽁꽁 얼어 있어서 그들을 파묻을 수 없었기 때문이다.

리가에 있는 게토와 마찬가지로 융페른호프 수용소는 대부분의 이송자들에게는 마지막 역이었다. 얼마 되지 않는 생존자 중한 사람인 헤르베르트 마이는 당시 12살의 나이에 부모와 함께 1941년 11월 27일의 이송 열차로 융페른호프로 왔는데, 그는 3월 27일에 일어난 일에 대해 다음과 같이 증언했다.

새벽 여섯 시에 모든 사람들은 마당에 정렬해야 했다. 그곳에 있던 사람들은 큰 가건물에 남녀가 따로 감금되었다. 나와 아버지가 거기에 있었고, 어머니도 거기에 있었다. 그 당시 수용소에는 6,000명의 사람들이 있었다. 그러자 꽉 막힌 큼직한 버스가 와서는 사람들을 실었다. 그날 5,000명이 떠나갔다.

수용소에 남겨진 사람들은 몇 주 후에, 이른바 "작업 배치"를 위해 떠났다던 사람들이 모두 출발한 바로 그날에 리가 근처 어느 숲에서 총살되었다는 사실을 마을 사람들로부터 혹은 간접적으로 들어 알게 되었다. 이 대학살은 A 특수 부대에게 맡겨졌는데, 시민들의 증언에 따르면, 마치 콘베이어 벨트처럼 착착 진행되었다. 농사를 위한 강제 노역에 투입된 이송자들은, 희생자들이 옷을 벗어 놓고 집단 무덤 위에 설치된 좁다란 육교 위에 올라서야 했다고 농촌 주민에게 들었다. 살인자들이 쏜 총에 맞은 그들은 집단 무덤 아래로 떨어졌다 한다.

이 일은 마지막까지 익명으로 진행되었고 특수 부대들이 나중에 그들의 만행의 흔적을 지워 버렸기 때문에, 대개의 경우는 고향 땅을 떠난 뒤의 이송자 개인의 운명을 확인한다는 것은 거의 불가능하다. 단지 거의 모든 사람들이 잔인하게 살해당했다는 점만이 확실할 따름이다. 리가의 한 여자 시민이 1944년 소비에트 조사 위원회에서 진술한 서류에는 다음과 같은 사건 묘사가 담겨 있다.

우리 집은 그 숲에서 고작 1.5킬로미터 정도 떨어져 있다. 그래서 나는 사람들이 숲 속으로 끌려가는 모습을 볼 수 있었고, 총살되는 소리를 들을 수 있었다. 독일 사람들이 한번은 이틀 만에 10,000명 이상을 죽인 것을 나는 안다. 그날은 1942년 부활절 바로 직전의 금요일과 토요일이었다. 버스 또는 잿빛의 차량으로 사람들이 실려왔다. 매번 네 대에서 다섯 대의 버스나 화물차가 왔는데, 30분에서 한 시간 가량의 간격으로 왔다. 버스와 차량에는 유대인들로 가득 찼다. 바로 이 이틀, 곧 금요일과 토요일 동안에 그들은 밤낮으로 왔다. 금요일에만도, 대략 12시간 동안 세어 보니 마흔 한 대의 버스가 사람들을 숲 속으로 실어 날랐다. 약 20분 내지 30분 정도가 지난 후에 그들은 빈 차로 숲 속에서 다시 나왔다. 나와 이웃들은 밤낮으로 권총과 자동 화기에서 뿜어져 나오는 총소리를 들었다. 숲 속에서 나온 차량들은 살해된 사람들의 옷가지를 실어 날랐다.

부활절 일요일은 조용했다. 그 여자 증인은 그곳 주민들 몇 명과 함께 숲으로 가서 거대한 무덤들을 보았다.

외국에서 온 유대인들도 총살되었다. 이것은 남겨진 여러 물건들을 보고서 알 수 있었다. 무덤마다 바로 옆에는 불을 피운 자리가 있었는데, 파쇼들이 쓸모없는 물건들을 그곳에서 불태워 버렸다. 그 잿더미에서 옷가지들을 불태웠음을 알 수 있었는데, 왜냐하면 잿더미에 단추, 허리띠, 안경집과 안경테, 여성용 손가방의 금속 부품, 편지 가방과 돈지갑, 그리고 수많은 개인용 물건들이 놓여 있었기 때문이다. 그 소각장과 무덤 주변에서 여러 종이, 사진, 증명서 들을 볼 수 있었다. 증명서와 사진들을 보고 그 사람들이 어디서 온 사람들인지 확인할 수 있었는데, 왜냐하면 사진 뒷면에 사진사의 인장이 찍혀 있었고, 그 도시를 알아볼 수 있었기 때문이다. 그래서 여기서 총살된 사람들은 오스트리아, 헝가리, 독일, 그 밖의 나라들에서 이곳으로 끌려왔다는 것을 확인할 수 있었다.

독일에서 또 한 번의 수송이 있었다. 1,000명의 사람들이

1941년 11월 20일에 뮌헨을 떠났는데, 그들의 목적지도 마찬가지로 리가였다. 뮌헨에는 알트바이에른과 슈바벤에서 온 유대인의 집결지가 있었다. 1941년 봄에 14,500제곱 미터 면적의 땅에 유대인들의 강제 노동으로 세워진 밀버츠호펜(크노어 가 148번지)의 한 막사 수용소는 강제 이송을 위한 통과역이자 통제역의 구실을 했다.

엘제 베렌트-로젠펠트는 뮌헨의 도시 구역인 베르크암라임에 있던 수녀원 내에 설치된 유대인 "양로원 시설", 곧 일종의 노인 게토의 대표였다. 1942년 4월, 그녀는 이송 명령을 받았다. 밀버츠호펜으로의 수송을 위한 모든 준비 작업을 서둘러 해 놓은 뒤 마지막 순간에 그녀는 [계속] 머물러도 좋다는 허락을 받았다. 게슈타포의 검사를 받기 위해 막사에 일렬 종대로 들어가라는 명령을 받은 뒤에 다음과 같은 광경이 펼쳐졌다.

책상으로 만들어진 칸막이 뒤에 한 남자가 앉아 있었는데, 나를 보고 짧게 지시했어. "핸드백을 털어." 나는 내 핸드백 속의 내용물을 그의 앞에 놓인 책상 위에다 올려놓았지. 그는 먼저 내 신분증을 보더니 이미 거기에 있던 더미들 위에다 던져 버렸어. …… 그는 내가 지니고 있던 몇 장의 사진을 만지더니, 글쎄, 그놈이 한가운데를 찢고서는 뒤쪽으로 휙 던지는 게 아니겠어. …… 그는 동전이 몇 닢이 들어 있던 내 돈지갑을 열었어. …… 그때 나는 다시 핸드백에 물건들을 도로 집어넣으려고 했는데, 그놈이 손짓으로 나를 막더군. "아무것도 없잖아. 저리가. 다음" 하고서 흥분해서 큰소리를 치더군.

　　통과역인 밀베르츠호펜을 지나 3,000명에서 4,000명의 유대인들이 강제 이송되었다. 그중에서 2,991명이 뮌헨 출신이었다. 리가로 수송된 뒤, 루블린 근처의 피아스키를 목적지로 하는 또 한 번의 수송이 1942년 4월 3일에 있었고, 이때 343명의 뮌헨 유대인과 433명의 슈바벤 유대인, 그리고 그 외 하루 전에 레겐스부르크 집결지를 거쳐온 213명의 유대인이 수송되었다. 1943년 3월 13일 아우슈비츠로 이송된 것을 예외로 한다면, 뮌헨으로부터의 강제 이송──전부 40건인데──의 목적지는 모두 테레지엔슈타트 게토였다.

북보헤미아의 이 도시는, 1780년 황제 요제프 2세가 오스트리아의 요새로 건설했고 당시 전쟁용 건축술의 걸작으로 찬양받았는데, 에거 강이 엘베 강과 만나는 지점에서 그리 멀지 않은 곳에 자리 잡았다. 1930년대에 대략 7,000명이 넘는 주민들이 살았고, 그 중 절반이 군인들이었다. 1941년 말부터 이 작은 도시는 보호령인 보헤미아와 모라비아 출신의 유대인들을 위한 게토로 사용되었다. 1942년 5월 말에는 그 가운데 1/3(28,900명)이 이곳 테레지엔슈타트에 있었다. 의도와 목적상으로 볼 때, 집단 수용소인 이곳은 친위대 특공대의 휘하에 있었고 바깥에서는 체크의 지방 경찰대가 감시를 맡았는데, 유대인들에게 통과역이자 환승역의 의미를 갖는 곳이었다. 1942년 1월에 테레지엔슈타트에서 리가로 가는 첫 이송이 진행되었다. 1942년 7월에는 테레지엔슈타트의 원주민들이 전원 대피되었고, 독일과 오스트리아, 덴마크, 네덜란드에서 수송되어 오는 사람들을 위한 장소로 바뀌었다.

1941년 6월부터 테레지엔슈타트로 이송되어 온 40,000명이 넘는 독일 유대인들 사이에서는, 자신들은 유명 인사들과 특별한 사람들로 특별 게토로 가는 길이라는 착각까지 생겨날 정도였다. 테레지엔슈타트로 강제 이송될 유대인들을 약탈하기 위해 몸에

병이 있을 경우 간병을 받을 수 있는 조용하고 쾌적한 노인용 주거를 제공한다는 내용의 "주택 매매 계약"에 "독일의 유대인 제국 연맹"을 이용했다는 점에서 나치 정권의 야비함이 드러났다.

서명으로 승인하는 식으로 마련된 이 계약서의 첫 구절에는 다음과 같은 글귀가 적혀 있다.

제국 연맹은, 도움이 필요한 사람들뿐 아니라 (테레지엔슈타트에) 집단적으로 거주하는 모든 사람들을 돌보는 데 필요한 물건을 조달해야 한다. 따라서 공동 숙소로 가기로 결정된 사람들은 모두, 재산을 가지고 있는 경우에는 제국 연맹에 내는 매입금으로 자기의 숙박비를 충당함은 물론이고, 더 나아가 도움을 필요로 하는 사람들을 보살필 수단도 가능한 한 조달할 의무를 진다.

계약 체결과 함께 국가가 "평생 동안 거주와 병간호를 보장하고, 빨래를 해 주며, 부득이한 경우 모두에게 의사나 의약품을 제공할" 의무를 떠맡게 되었지만, "주거지를 다른 곳으로 옮길 권리"는 유보 사항으로 남았다. 그리고 "현재의 숙박 형태를 변경할 때에는" 계약 당사자는 아무런 권리를 주장할 수 없었다. 테레지엔슈타트로 온 독일 유대인은 자신들의 재산을 팔아서 집단 수용소로 이주한 셈이다. 테레지엔슈타트는 "프라하의 유대인 국외 이주 중앙 관리국" 관할 하에 있었는데, 이로써 "최종 해결"에서 이주 조치들이 중요했다는 허구가 정당화되었던 것이다. 하이드리히의 지시에 따라, 그 게토는 1942년 2월에 공식적으로 건설되었고, 한 친위대 특공대가 현장 책임을 맡았다. 그 게토 옆에는 프라하 게슈타포 총국의 관리 아래에 있던 "자그마한 요새"가 독자적인 명령권자 휘하의 테러와 고문 장소로 존재했다.

테레지엔슈타트에 도착한 것은 한마디로 쇼크였다. 낡아 빠진 병영 막사에서 초만원의 집단 숙소, 저급한 영양 공급, 끔찍할 정도의 위생 상태가 양로원을 기대했던 그들을 기다리고 있었다. 나이 든 사람들 중 대부분은 그러한 생활 조건에서는 더 이상 살 수 없었고, 테레지엔슈타트에 도착하자마자 이내 죽어 버렸다. 1942년의 사망률은 50퍼센트 이상에 이르렀고, 1943년에는 29.4퍼센트로 떨어졌고, 1944년에는 17.2퍼센트가 되었다. 그러나 많은 사람들은 외부적인 생활 조건만으로 죽었다기보다는 격심한 괴롭힘으로 죽어 갔다.

독일어 사용권의 유대인들, 곧 상당히 동화된 독일 문화의 담지자들에게 테레지엔슈타트의 현실은 독일인이 그들에게 행한 배신 행위와 동의어가 되었음에 틀림없다. 그들 자신은 해방에 대한 믿음 속에서 1933년에도 아직 안전하다고 느꼈다. 왜냐하면——그들이 믿었던——공동의 조국에 대한 그들의 업적이 무시되고, 그들의 애국주의가 짓밟히며, 그들의 독일적 문화 의식이 조롱당하고, 그들의 시민권은 더 이상 인정되지 않고 존재하지 않는 것으로 치부될 줄은 정말 상상도 할 수 없었기 때문이다. 1933년 이후부터 독일 유대인은, 독일인의 사회에서 유대인들을 배제할 목적을 갖고 결국에는 물질적 생존의 상실로 끝나는 차별들을 겪어야 했다. 그들은——중간역인 테레지엔슈타트와 다른 수용소들에서의 굶주림과 질병과 자포자기를 통해서, 총살 특공대 대원들과 동부의 가스실에서——육체적 절멸이 있기 전에 파기된 해방을 지켜보고 게토로 감금되는 모욕을 겪었다.

보헤미아와 모라비아 유대인의 90퍼센트에게는 한층 더 열악한 체류와 끝내는 학살로 가는 통과역으로 선정되었던 것을 독일 유대인들은 특혜로 상상했다. 이것이 바로 테레지엔슈타트로의 강제 이송이다. 그것은 여러 목적을 갖고 있었다. 그 하나는 절멸 수용소로의 수송이 위장되어야만 했고, 다음은 특혜자들과 유명 인사들(나중에는 덴마크와 네덜란드 유대인들 중 특정 그룹들이 이에 합류했다)을 특혜 장소로 옮기는 것을 통해 그러한 호의에 대한 간섭을 차단할 수 있었고, 끝으로 테레지엔슈타트는 사실상──그들이 위생 상태와 굶주림, 그리고 품위 손상을 이겨 낼 수 있었던 경우에──소규모 집단의 독일 유대인들에게 특혜로 주어진 종착역이었다.

1941년 5월 21일 제국 보안부의 발표에서 보면, 반제 회의 석상에서 하이드리히의 발표 이후 독일 제국 영토 출신 중 다음의 대상 집단들이 "노인 게토"인 테레지엔슈타트로 보내질 것이라고 예상되었다. 곧 65세가 넘었거나 55세가 넘은 허약한 유대인과 그의 아내, 그리고 제1차 세계 대전에서 높은 무공 훈장이나 상이군인 기장을 받은 자들과 그의 아내, 그 밖에도 더 이상 존재하지 않는 독일-유대인 간의 통혼으로 인해 생긴 유대인 부부, 그리고 끝으로 통치 법령에 따라 유대인으로 통하는 경우("통용 유대인")로 〔독일인과 결혼했다가〕 이혼한 유대인 "통혼자"가 그들이다.

테레지엔슈타트로의 독일 유대인의 이송──대피 수송으로 이름 붙여졌다──은 1942년 6월 2일에 시작되었다. 독일에서 유대인들의 삶의 공식적인 종식은 1년 뒤에 이루어졌다. 1943년 6월

10일 오전 게슈타포가 오라니엔부르크 가 29번지에 있는 베를린 유대인 공동체에 "베를린 유대인 문화 연맹"(1941년 4월 30일 이후의 정식 명칭)은 더 이상 존속할 수 없다는 소식을 들고 나타났다. "아리안 족"과 "통혼" 형태로 살고 있지 않는 직원들은 모두 체포되 그로세 함부르크 가의 집결 수용소로 보내졌고, 1943년 6월 16일 푸틀리츠 가의 역으로 수송되었다. 그곳에서 대략 500명의 유대인들이, 그중에 300명은 병자들이었는데, 그날 저녁 이송 열차를 타고 제국의 수도를 떠났고, 그때서야 비로소 독일도 "유대인이 없는" 곳으로 여겨지게 되었다.

"독일의 유대인 제국 연맹"에서 함께 일했던 다섯 명의 직원들에게도 똑같은 운명이 닥쳤다. 그들이 영향력을 행사할 수 있는 범위는 점점 더 제한되어 온 바 있다. 1933년에 건설된 독자적인 독일 유대인 상부 조직은 1938년 이후부터는 차츰차츰 하나의 기관으로 변했고, 그 행보는 게슈타포의 통제와 명령에 따라 결정되었다. '독일 유대인 제국 대표부'(1933년), 곧 '독일의 유대인 제국 대표부'(1935년)의 후신으로 1939년 7월 이후부터 '독일의 유대인 제국 연맹'이라 불린 이 기관은, 더 이상 자발적인 연합체가 아니라 그들의 신앙과는 상관없이 "아리안 법령"에 포함되는 모든 개인들에 대한 관할권을 지닌 강제 제도였다. 제국 보안부의 관여로 말미암아 그때까지도 잔존하던 모든 유대인 조직들과 재단들이 독립성을 잃고서 이 제국 연맹에 합쳐졌다. 마지막으로 1943년 1월 29일에 베를린의 유대인 공동체도 합쳐졌다. 독일 제국을 위한 유대인 재산 몰수 조치 아래에서 1943년 6월 10일에 구 단위의 모든 제국 연맹 지부들이 베를린 이외에는 해체되었다.

마지막 국면에서 독일의 유대인 제국 연맹이 갖는 위상에 대해서는 역사가들 사이에 의견이 서로 엇갈린다. 제국 연맹이 독일 유대인의 강제 이송과 학살 시에 게슈타포의 꼭두각시로 악용되었다는 사실은 간과할 수 없다. 그러나 강제 이송 시에 강요된 협조——1942년 중반부터 제국 연맹은 무엇보다도 "리스트"를 작성하고 게슈타포의 명령을 전달하였으며, 이송자들의 통계 수치를 기록하는 일을 했다——를 통해 제국 연맹이 대단히 흔쾌히 또는 나치 정권에 동조해서 그런 앞잡이 노릇을 했던 나치 기구는 당연히 아니었다. 가해자의 입장에서 본다면, 제국 연맹의 동조자는 결코 전향자가 아니었다. 많은 피해자들에게는 자주 그렇게 보이긴 했지만 말이다.

합쳐지기 이전에 이미 오랫동안 베를린 공동체와 동일한 간부로 구성된 제국 연맹 자체는, 1943년 6월 10일 이전에 이미 오랫동안 번번이 강제 이송의 희생자가 되었다. 13명의 지도급 인사들 중에서 단지 2명만이 박해에도 살아남았는데, 그들은 1943년 6월 16일에 테레지엔슈타트로 보내진 모리츠 헨셸과, 1943년 1월 28일에 테레지엔슈타트로 강제 이송된 랍비 레오 베크였다. 이전의 독일 유대인 상부 조직의 나머지 위원들이 그곳 게토의 '자치 관리 장로 회의'에서 살아남아 1945년 5월 8일에 해방을 맞이했다. 이들은 저명한 인물들이었는데, 레오 베크와 파울 엡슈타인, 모리츠 헨셸, 필리프 코초버, 하인리히 슈탈이다.

테레지엔슈타트의 '자치 관리'가 민주적 기능과 자기 결정이라는 목적과는 아무런 상관이 없었고, 오히려 친위대의 수용소 관리의 도구였다는 사실은 더 이상 아무런 설명도 필요하지 않다.

이용당하지 않을 수 있는 행위 공간이 존재했었다는 식의 전설을 막기 위해 이 사실은 당연히 강조되어야만 한다. 그러니까 테레지엔슈타트 게토의 '자치 관리'가 제국 연맹의 잔존으로 묘사된다면, 그것은 이곳에서의 문화 생활도 이와 동일한 지평 위에서 이해되어야 한다. 곧 연극 공연, 오페라, 낭독회, 학술 강연회에 대한 보고들이 있었는데, 이에 대해 회고하는 작품들도 꽤나 많다. 독일에서 시작했던 것을 테레지엔슈타트에서도 지속적으로 수행해 나간 '유대인 문화 연맹'의 용감한 예술가들과 조직자들의 마지막 활동에 대한 보고들도 있다. 그러나 이러한 활동으로 인해 테레지엔슈타트가 독일 유대인의 문화 생활의 오아시스였고, 아침부터 저녁까지 괴테를 낭독하고 모차르트를 연주하는 일종의 여름학교였다는 잘못된 결론으로 이어져서는 안 된다.

'자치 관리' 기구가 처벌을 내리고 법률을 공식 발표하며 기괴한 관료제를 운영하는 수용소 위계상 최고 기관으로 테레지엔슈타트 주민들에게 이해되었다. "테레지엔슈타트에서의 금고형은 유대인 '자치 관리' 기구에 의해 더욱 가혹해진다"는 악평이 나돌 정도였다. 통찰력 있는 사람들은 그래도 수용소 감금자들이 친위대와는 직접적인 접촉이 없었다는 사실을 다행스럽게 생각했다.

아래쪽에서 볼 때 "유대인 장로"는 무제한 권한을 지닌 게토의 주인으로 내비쳤고, 그는 친위대 부대장과 정기적인 접촉을 갖고 보고하고 명령을 받았다. 1943년 1월부터 1944년 9월까지 나치들이 이 목적을 위해 베를린에서 데리고 온 파울 엡슈타인 박사가 유대인 장로 회의를 떠맡았다. 그는 40대 초반이었고, 이내 지독하게도 인기 없는 사람이 되었다. 거기에 대해서 그 자신도 아마도 적은 부분은 책임이 있는 듯하다. 1943년 1월 27일 수용소장이면서 친위대 대위인 자이들 박사는 그때까지 임시로 유대인 장로 회의의 의장에 프라하 출신의 야콥 에델슈타인을 임명했는데, 그에게 아돌프 아이히만의 주문 사항을 알려 주었다. 그 다음날 베를린과 빈에서 주요 간부들이 올 것이고, 따라서 테레지엔슈타트의 책임선도 새롭게 정해질 것이라는 주문이었다. 그리고 게토의 자치 관리의 총책임은 앞으로는 베를린에서 온 엡슈타인 박사가 맡을 것이며, 그는 에델슈타인도 마찬가지로 소속되어 있는 삼두 정치의 꼭대기에 앉게 될 것이라는 것이다.

테레지엔슈타트에서 엡슈타인의 출발은 나빴고, 평판도 좋지 않았다. 후세를 위해 엡슈타인 박사의 인물됨과 영향력은 테레지엔슈타트의 강제 공동체에 대한 H. G. 아들러의 기념비적인 진술에서 확정되었다. 그리고 아들러의 판단은, 비록 그의 개인 윤리에 대한 가치 판단을 무시하는 경우라 할지라도, 통렬할 뿐만 아니라 오해의 여지가 없다.

엡슈타인은 사실 명예심이 많은 사람이었다. 그러나 그는 용기와는 상관없는 사람이었다. …… 그는 거드름 피우는 사람이었으며, 연극적이고, 우유부단하고 속된 사람이었다. …… 그는 친위대 앞에서 유대인의 사안을 아무런 저항 없이 굴종적으로 대변한다는 인상을 받았다. 그는 명령을 받아들고서 그것을 실행에 옮겼다. 확실히 엡슈타인은 인간성이 나쁜 사람은 아니었다. 이에 대해서는 그의 생김새가 벌써 말해 주었다. 하지만 그의 다정함이나 좋은 면에 대해서 말하는 사람은 거의 없었다. …… 엡슈타인은 스스로 시온주의 사회주의자라 생각했고, 그런 측면에서 그는 권력의 찬미자였다. 비록 나치적 형태의 권력이라고 하더라도 말이다. ······ 수용소 안에서 그는 자신 앞에 놓인 잔인한 현실에서 끝없이 도망가는 한낱 유약한 사람으로 비쳤다. 그는 현재의 부패된 권력에 의해 벌써부터 깊은 마음의 상처를 입었다.

아들러의 특징 묘사는 반대를 불러일으켰다. 엡슈타인의 동료들은 공정함을 요구했다. 야콥 야콥센은 유대인 중앙 기구의 집행부가 몸서리치는 상황에 놓여 있었고, "그들은 관청의 충복으로 행동하고 심지어 강제 이송을 준비하는 데 도울 것을 강요받았다"고 생각했다. 동일한 방식으로 "유대인 장로들"과 그 장로들 아래에서 테레지엔슈타트에서 일한 사람들은 동부로의 시체 수송을 "명령에 따라" 준비하도록 강요당했다. 그것 때문에 그들을 비난하는 것은 정당한가? 모든 "유대인 장로들"과 장로 회의의 모든 위원들은 기만과 파괴의 일을 통해 정부의 지침들을 따랐다는 사실을 잘 인식하고 있었다. 그들은 함께 일하면서도 그들과 함께 포로가 된 사람들의 운명을 가능한 한 가볍게 하려고 동시에 애쓰는 것 이외에는 다른 선택이 없었다. 성격이 아무리 강인하다고 해도 이러한 상황에서 나치 정권의 공격을 막아 낼 수 있는 사람은 아무도 없었을 것이다. 책임자의 자리에 있으면서 이러한 공격을 늦추기 위해 애쓴 사람에 대해 누가 비난할 수 있단 말인가?

엡슈타인은 사람들이 비판적으로 판단할 수 있을 만한 행위들 속에서도 다만 자기 밑에 있는 사람들을 위해 최선을 다했고, 그들의 운명을 더 좋게 하기 위해, 그리고 가능한 한 많은 사람들을 죽음 앞에서 보호하기 위해 최선을 다했다는 야콥센의 옹호 속에서도, 엡슈타인이 인간의 연약함으로부터 자유롭지 못했다는 것에는 변함이 없다. 그가 그렇게 하지 못한 것이 동시에 그의 몰락을 초래했다고 한다. 야콥센은 이를 증명하기 위해 다음과 같이 말을 덧붙였다.

1944년 로시 하샤나(Rosh Hashanah, 유대력의 새해 첫날에 해당하며, 대략 9월 초순경이다)의 전날, 1,000명이 넘는 수감자들 앞에서 거의 자살 행위에 가까운 연설을 그가 했다. 당시에 테레지엔슈타트 하늘에 미군 비행기가 나타난 것은 기쁨을 자아내는 일이었다는 것은 이해할 만하다. 그리고 엡슈타인은 섣부른 희망과 행위들에 대해 경고했다. 1944년의 욤 키푸르(Jom Kippur, 유대인의 가장 큰 종교 절기인 "회개의 날"로 시기는 대략 9월 중순이다) 날, 그는 체포되었고 같은 날 처형되었다. 엡슈타인은 당시 시작된 대량 강제 이송에 대항하여 살해되었다는 것이 당시 수감자들의 일반적인 생각이었다.

엡슈타인의 전기는 테레지엔슈타트에서의 그의 역할을 이해하는 것뿐만 아니라 몰락의 시간에 처한 독일 유대인들의 의식 상태와 내적 상황에 대한 해명의 실마리를 제공해 줄 수도 있다. 1901년 3월 4일 만하임에서 태어나 대단히 뛰어난 학생으로 두각을 나타낸 엡슈타인은 하이델베르크와 프라이부르크에서 철학과 국민 경제학, 사회학을 공부했다. 막스 베버, 칼 만하임, 칼 야스퍼스와 알프레드 베버에게 배운 25살의 이 학생은 만하임에 있는

상과 대학에서 교수 자격 논문을 썼으며, 1933년까지 그곳의 시간
강사로 소속되어 있었다. 대학에서의 출세가 산산조각 나게 되자,
확실히 젊은 파울 엡슈타인은 깊은 상처를 받았다. 확신에 찬 시
온주의자로 그는 유대인 청년 운동에 뛰어들었고, '유대인 청년
동맹 제국 위원회'에서 간부로 활동했으며, 그런 다음 독일 유대
인 중앙 복지 기구에서 간부로 활동했고, 1933년부터는 독일의 유
대인 제국 연맹에서 주요 간부 직을 맡았다. 엡슈타인은 거기서
대부 금고 업무를 담당했고, 그런 다음 국외 이주 업무를 맡았다.
이런 업무의 특성상 그는 게슈타포와의 조정자로 기능했다. 이른
바 불법적인 팔레스타인 이주에 대한 사보타주 때문에 1940년 4
개월 동안 베를린 알렉산더플라츠에 있는 경찰 형무소에서 지냈
는데, 이 경험은 아마도 그를 너무도 힘들게 만든 것 같다. 이때
감금의 이유는 그의 성품을 이해하는 실마리를 제공해 준다. 그는
영국의 제재 조치와 팔레스타인으로 갈 기만당한 유대인 이주민
들의 운명을 고려하지 않고 무작정 유대인들을 외국으로 보내는
것에만 관심을 갖던 게슈타포에 반대했던 것이다. 엡슈타인은 합
법적인 절차를 요구했고 이것이 게슈타포에게 불쾌감을 불러일으
켰던 것이다.

　따라서 질서와 정돈은 테레지엔슈타트의 유대인 장로였던 엡
슈타인에게도 결정적인 가치였고, 그는 이 가치를 많은 사람들의
이해와는 다르게 정력적으로 추진했던 것이다. 심부름꾼에서부터
게토 경비에 이르는 관료적인 행정 기구를 갖춘 유대인 장로들에
게서 여전히 독일적 가치관의 실현만을 보았던 많은 사람들은 테
레지엔슈타트의 비참함 속에서도 노동 윤리와 정확성을 권유한

것이 이로운지에 대해서 의심했지만, 유대인 장로들은 심지어 자신들이 축출될 때까지도 그 가치들을 애지중지했다. 토론회나 강연회, 연극 공연과 연주회를 통해 교양 시민의 위업을 유지하는 것은 테레지엔슈타트 사회에서는 너무나 당연한 일이었다. 파울 엡슈타인이 사회학 세미나를 정기적으로 개최한 것은, 그가 질서의 덕목들을 선전하고 관철시키는 나치 정권의 길어진 팔 역할을 한 것이라고 진단되었다. 그리고 심지어 외국 대사들이 방문할 때, "시장"으로 행동했다는 점조차도 많은 사람들의 오해에 부딪혔다.

그의 모든 바람에도 불구하고 엡슈타인은 단지 독일 대학에서 교육받은 시민적 공무원들의 방법들을 갖추고 있었을 뿐이었다는 점이 비극이었다. 다른 것을 그는 배우지 못했다. 그의 딜레마는, 그가 유대인을 괴롭히는 박해자들의 환심을 사면서 동시에 유대인 공동체를 위한 도움을 찾아야 하는 이중 게임을 하기로 결정했다는 데 있다. 이런 점에서는 다른 사람들도 그와 다르지 않았고 (이것은 나치 정권 하에서 모든 유대인 대표자들이 취한 행동으로 어쩔 도리가 없었다), 이러한 태도를 비판하는 사람들조차 강력한 저항 같은 대안들은 존재하지 않았다는 것을 인정한다.

나치에게 여러 번 기만당했고, 1944년 9월 27일에 모든 특혜를 박탈당한 뒤 사형된, 1944년 10월 테레지엔슈타트의 마지막 유대인 장로였던 엡슈타인과 아우슈비츠로 강제 이송된 뒤 살해된 그의 부인의 운명은 개인적인 비극 이상의 의미를 갖는다. 그는 (개인적인 동기가 무엇이든지 간에) 나치의 손에서 책임을 넘겨받은 독일 유대인들이 처한 전형적인 상황에 놓여 있었고, 따라서 오로지 이러한 상황에서만이 정의를 추구했던 독일 유대인들의 대표자들에 대한 판단이 가능할 뿐이다.

테레지엔슈타트에서 1944년 8월과 9월에 나치의 명령에 따라 선전 영화가 촬영되었는데, 이것은 후에 "지도자께서 유대인들에게 도시를 선사하셨다"는 아이러니한 제목으로 알려졌다. 몇몇 흔적들이 남아 있지만, 영화관에서 상영되지 않은 이 영화의 맨 처음 작업 제목은 "테레지엔슈타트, 유대인 이주 지구에 대한 다큐멘터리 필름"이었다. 1943년 6월, 나치는 이 목적을 위해——마찬가지로 영화를 위해서——준비된 수용소를 방문하도록 적십자 대표들에게 허용했다.

이 방문은 당연히 아무런 영향을 미치지 못했지만 테레지엔슈타트에서의 편안한 생활에 대한 모든 연출된 유사 현실에도 불구하고, 국제 적십자사 간부의 기록에서 드러나듯이, 분명히 실제에 가까운 인상들을 전해 주었다.

독일 적십자 인사들이 48시간 동안 테레지엔슈타트에 있었고, 테레지엔슈타트의 상황에 대한 깊은 인상을 받았다. 다시 말해 너무도 당혹스러웠다. 독일 적십자 대표들이 강제 이송된 사람들과 접촉하게 된 것은 처음이라고 한다. 테레지엔슈타트에만 해도 43,800명의 유대인이 있다고 했다. 그중에서 2/3는 일을 하고 있고, 1/3은 완전히 노동 능력이 없는 사람들이라고 한다. 그 사람들의 평균 나이는 60세라고 한다. 게토의 상황은 끔찍할 정도다. 모든 것이 부족하다. 사람들은 무서우리만치 영양 상태가 나쁘고, 의료상의 지원도 완전히 불충분하다. 주택 상황도 끔찍할 정도인

데, 예전에 6,000~7,000명이 살았던 자그마한 이 도시에 지금은 대략 6~7배나 많은 사람들이 살고 있을 정도다. 소위 유명 인사 그룹이 묵고 있는 집의 경우(블라이뢰더 가족 성원들) 한 방에 대략 4~5명의 사람들이 거주하고 있다. 유명 인사가 아닌 경우 주택 상황은 본질적으로 더욱 나쁠 것이다. 더욱이 게토 내의 조직도 그래서 설마하는 것들이 행해지는 실정이다. 공동 식당들과 유치원들, 병원들이 있다고 한다. 시내에도 몇몇 상점들이 있었는데, 그곳에서 몇 가지 물품들을 살 수 있다고 한다. 게토 내에서는 자체적으로 유통되는 특별한 게토-지불 수단이 있는데, 그것은 은행 계좌에 예금되어 있는 돈(아마도 압류된 유대인 재산의 일부분)으로 충당된다고 한다.

인구의 잦은 이동은 테레지엔슈타트의 현실에 속했다. 그곳의 주민들은 자기 의사와 상관없이 테레지엔슈타트로 들어왔다가 자기 의사와 상관없이 다시 게토를 떠났다. 주민이 최고치에 이른 것은 1942년 9월이었는데, 53,004명이나 되었다. 그들 중 18,639명은 그달에 도착했고, 13,004명은 절멸 수용소로 다시 옮겨졌다. 3,941명은 테레지엔슈타트에서 사망했다. 이것이 그해 한 달의 대차 대조표이다. 이러한 유입은 1943년 전반에 잠잠해졌지만, 강제 이송은 계속 진행되었다. 1942년 9월까지 테레지엔슈타트 이후의 마지막 기차역들은 무엇보다도 리가, 트레블링카, 민스크, 소비부르, 마이다네크, 이츠비카, 자모시치였고, 1942년 10월부터 기차들은 오로지 아우슈비츠로만 향했다. 1944년 가을 마지막 이송 물결이 있은 이후에도 11,068명의 유대인들이 테레지엔슈타트에 남겨져 있었는데, 그들 중에는 456명의 덴마크 유대인과 4,843명의 네덜란드 유대인이 있었다.

1945년 4월 말에 여러 집단 수용소의 감금자들을 실은 대피 수송 열차들이 테레지엔슈타트에 도착했다. 그곳에 대략 14,000 명의 사람들이 있었다. 1945년 5월 5일 나치는 테레지엔슈타트에 대한 책임을 적십자에 넘겨주었고, 1945년 5월 8일 러시아의 붉은 군대가 나타났다. 따라서 테레지엔슈타트는 가장 늦게 해방된 수용소였다. 높은 사망률은 해방 이후에도 계속되었고, 많은 사람들은 건강 때문에 그곳을 떠날 수 없는 상태에 놓여 있었다. 1945년 8월 17일까지 마지막 사람들이 그곳에 머물러 있어야만 했다.

전체 통계에 따르면, 1941년 11월 24일과 1945년 4월 20일 사이에 테레지엔슈타트로 이송되어 온 사람들은 141,000명의 유대인이었다. 33,000명이 그곳에서 사망했고, 88,000명이 절멸 수용소로 다시 이송되었다. 대략 17,000명이 해방을 맞이했다.

세 명의 수용소장 중 두 명, 지크프리트 자이들(1941년 12월에서 1943년 6월까지)과 칼 람(1944년 2월에서 1945년 5월)은 전쟁이 끝난 뒤에 사형 선고를 받아 사형되었고, 세 번째 수용소장이었던 친위대 중위인 안톤 부르거(1943년 7월부터 1944년 2월까지)는 전후 독일에서 다른 이름으로 새로운 삶을 꾸려갔다. 경찰의 온갖 수사에도 불구하고, 그는 1991년 에센에서 아무런 고통 없이 평안히 죽었다.

11 또 다른 민족 학살
신티와 로마의 박해

독일에서의 "집시" 차별은 다른 유럽 나라들에서와 마찬가지로 오랜 전통을 가지고 있다. 신티와 로마 소수 민족에 대한 불신과 거부는 1933년 이전에 오랫동안 수많은 배제 법률들과 규정들에 드러났다. 또한 똑같이 '인종적인 이유들'에서 집시를 경멸하고 기피하는 감정들과 그들이 절멸되길 바라는 것도 달갑지 않은 유대인 소수 민족에 대해서보다 일반적이고 공공연하게 한층 더 분명하게 표출되었다. 나치의 "집시 정책"은 "유대인 정책"과 마찬가지로 민족 학살과 명백하게 연관되어 있었고, 따라서 신티와 로마의 박해는 홀로코스트와 연관되어 있다.

독일과 오스트리아의 마을 공동체와 도시들, 그리고 각 주의 관청들은 나치가 집권하기 이전에 이미 "집시들"을 정착할 수 있도록 교육하고, 그를 통해 독일 사회에 통합시켜 냄으로써 "집시 역병"을 가장 잘 퇴치할 수 있다는 점에 공식적으로 일치된 의견을 갖고 있었다. 이것은 시시때때로 공개적으로 선언되었다. 그러나 그들의 정주는 어떤 다른 곳에서 이루어져야 하며, 결코 자신의 공동체 내에서 이루어져서는 안 된다는 점에도 시민들은 같은 의견이었다. 1933년 이후 독일에서 신티와 로마에 대한 전횡은 처음에는 익숙한 방식으로 계속 진행되었다. 즉 지나치게 높은 집세와

빈약한 시설의 야영지(와 집들), 경찰의 일제 검거, 야영지의 갑작스런 철거와 도시권 밖으로의 축출, 직업 활동을 위해 필요한 떠돌이 행상 증명서 발급의 제한이 그것이다. 그 다음으로는 나치당의 영향 아래에서 점차 게토화 경향이 전개되었고, 많은 대도시들에는 수용소 같은 장소들이 설치되었다. 부분적으로 감시되고 철조망 울타리로 둘러쳐진 그곳은 항상 비참한 곳에 위치했고, 종종 공원묘지 근처나 하수 처리장과 같이 터부시되던 곳에 위치했다.

그 다음 법적인 측면에서도 신티와 로마의 상황은 곧 공고화된 나치 정권에서의 경찰의 중앙 집중화와 인종 정책의 강화를 통해 더욱 악화되었다. 비록 "집시"라는 말이 겉으로 언급되지는 않았지만, '뉘른베르크 법령'은 이들 소수자에게도 적용되었고, 신티와 로마를 공식적으로 한층 적은 권리를 갖는 시민으로 만들었다. 1938년 제국 사법 경찰국에서 '집시 무리 퇴치를 위한 제국 본부'라는 것이 설립되었다. '친위대 총사령관이며 독일 경찰 총수'로 신티와 로마를 담당했던 하인리히 히믈러는, 1938년 12월 8일 "집시 문제의 규정은 이 인종의 본질에 입각해서" 만들어져야 하고, "인종 생물학적 연구들을 통해 얻은 인식"을 기초로 마련되어야 한다고 지시했다. 과학자들은 필수적인 서류들을 사법 경찰들에게 제출했는데, 그들은 로베르트 리터 박사 지도 하에 있던 제국 보건국의 '인종 위생 연구소'의 연구원들이었다.

이들 과학자들은 대단히 세밀하게 일을 진행시켰고, 계보학적인 조사와 인류학적인 연구에 기초한 상세한 보고서를 사법 경찰국에 제출했다. 그 결과에 따르면, 해당자들은 "집시"와 "집시 혼혈"("대체로 집시 혈통" 또는 "대체로 독일 혈통"이란 세부 항목을 갖

춘) 범주들로 나뉘어졌다. 그것은 실천적 목적을 갖는 것이었는
데, 왜냐하면 전체 "인종 위생학"은 바람직하지 않고 열등해서 없
애 버리고 싶은 것들을 골라내는 데 이바지했기 때문이다.

　그러나 경찰과 이를 돕는 과학자들은 신티와 로마 소수 민족
만을 대상으로 절멸 전쟁을 선포하지는 않았다. "집시들"의 근절
은 나치 정권이 밝힌 인종 정책적 목표의 일부였다. 이에 대한 증
거가 많은데, 그중에 하나가 제국 법무 장관인 티라크가 나치당의
당 비서실장인 마르틴 보어만에서 보낸 1942년 가을 편지이다.

　　폴란드 인, 러시아 인, 유대인, 집시 들로부터 독일의 민족 유
　기체를 해방시키려는 발상과, 아울러 독일 주민을 이주시키기로
　결정된, 제국에 병합된 동부 지역을 청소한다는 발상에 의거하여,
　나는 폴란드 인과 러시아 인, 유대인과 집시들의 형사 소추권을
　친위대 총사령관에게 넘길 생각이다. 이제부터 형 집행은 오로지
　제한된 정도에서만 이 민족 집단의 절멸에 기여할 수 있다. 이 사
　람들에 대해 사법부가 매우 엄격한 판결을 내릴 것이라는 점에는
　의심의 여지가 없지만, 위에서 언급한 기본 발상을 근본적으로 실
　현하기에는 충분하지 않다. 이 사람들을 여러 해 동안 독일의 감
　옥이나 다른 처벌 기관에 가두어 놓는 것은 의미가 별로 없다. 오
　늘날 종종 그러하듯이 전쟁 목적을 위한 노동력으로 사용된다고
　해도 그것은 마찬가지이다.

　이 편지에 앞서 한 회의가 열렸는데, 여기서 히믈러는 1942년
9월 8일 친위대 고위 지도자들과 함께, 앞으로의 "이민족" 처벌 방

안의 지침을 의논했다. 경찰과 친위대를 거느리고 나치 정권의 고도의 목표를 실행할 테러 도구들을 자신의 손아귀에 넣은 히믈러의 발상에 따르면, 이 몇몇 인간 집단들을 담당하기 위해서는 이제 더 이상 재판과 법원만으로 안 된다. "징역형을 선고받은 반사회적 요소들은 노동을 통해 근절되기 위해 친위대 총사령관에게 넘겨져야 한다. 보안상의 이유로 체포된 유대인, 집시, 러시아 인, 우크라이나 인, 폴란드 인 들과 3년 이상의 형을 선고받은 사람들은 모두 넘겨져야 한다." 그러나 그것은 폴란드와 러시아, 우크라이나 외국인 노동자들의 노동 의욕과 노동자 모집을 위태롭게 할 수 있고 적의 선전 공작에 미칠 수 있는 영향 때문에, 실용적인 측면을 언급하면서 관할 부서——제국 내무 장관과 제국 동부 담당 장관과 마찬가지로 병합된 동부 지역의 나치당 지구 위원장들——에서는 폴란드와 러시아에 대한 그러한 조처에 반대했다. 그러나 "유대인과 집시들에 대한 형사 소추권의 양도"는 올바르고 바람직한 일이라고 생각했다. 이것은 현실적으로 신티와 로마가 전혀 권리를 갖지 못하고, 이제부터는 경찰과 친위대의 자의에 넘겨졌다는 의미를 갖는 것이었다.

그러나 인종주의적 토대에 입각한 "집시 역병의 퇴치"에 대한 히믈러의 공식 발표가 있기 오래전에 벌써 신티와 로마는 박해받았고——1938년 초부터——"보호 유치"를 통해 집단 수용소에 감금되었다. 그들은 "반사회적"이라는 전통적인 비난이 구실로 사용되었고, "정규적인 노동"을 소개해 줄 수 없는 증거로 통용되었다. 법적 절차 없이, 시간상의 제한도 없이 집단 수용소에 가두어 자유를 박탈하는 것을 의미하는 "보호 유치"는 나치 국가에서 대개 소수자들과 비판가들, 그리고 정권에 반대하는 사람들에 대해 사용하던 수단이었다. 그러나 신티와 로마에 대해서는 이미 오래전부터 더욱 끔찍한 조처들을 옹호하는 사람들이 많았다.

1939년 오스트리아 나치인 부르겐란트의 주 지사가 수상 비서실장이자 제국 장관이었던 라머스에게 다음의 편지를 보냈다.

민족의 건강상의 이유로, 그리고 확인된 바에 따르면, 집시들은 유전적으로 해롭고 우리 민족체에 붙은 기생충으로 엄청난 손해만을 야기하고 관습을 파괴하는 민족임이 틀림없기에, 우리는 가장 먼저 그들의 번식을 막는 일부터 착수해야 하고, 노동 수용소라는 틀 내에 사는 사람들을 엄격한 노동 의무에 복종시켜야만 한다.

이것은 강제 불임에 대한 요구로 읽히는데, 이것은 이후에 자주 표출되었고 궁극적으로 실행되기도 했다. "집시들의 강한 번식"이란 주장은 항상 또다시 제기되었고, 그에 따른 논리적인 결론은 원하지 않는 민족 집단에 대한 단종으로 나타났다. 이것은 그라츠의 대법원 판사의 1940년 편지에서도 분명하게 나타났는데, 그는 부르겐란트의 모든 로마의 강제 불임을 제안했다.

집시들은 거의 구걸이나 절도에만 의존해서 살고 있다. 현실적인 벌이인 음악가로서의 활동은 많은 경우 구실에 불과하다. 그들이 있다는 것 자체가 성심껏 일하는 주민들에게, 특히 그들에게 땅을 약탈당하는 농민들에게는 너무도 큰 부담이다. 이 부담은 높은 유아 사망률에도 불구하고 집시들의 대단히 강한 번식과 함께 해마다 증가하고 있다. 더욱 큰 것은 부르겐란트 주민들의 인종적 위험이다. 외모상으로 보면 즉각 아프리카나 아시아의 원시 민족들을 떠올리게 하는 집시 대중들은 인종적으로, 무엇보다도 정신적이고 풍속적인 측면에서 열등한 반면에 육체적으로는 대단한 저항력을 가지고 있다. 왜냐하면 많은 수의 아이들 중에서 살아남는 아이들은 극심한 생활 조건들 아래에서도 성장하기 때문이다. 이렇게 정신적, 풍속적으로 열등한 민족과의 혼합은 반드시 후손들의 가치의 퇴락을 의미한다. 그런데 이런 혼합은, 한편으로는 집시 청소년들이 성적으로 대단히 공격적일 경우와, 다른 한편으로 집시 처녀들이 성적으로 고삐 풀린 경우에 잘 이루어진다. 많은 수의 집시 남자들을 노동 수용소에 감금해도 이런 상황은 그대로 지속될 것이다.

이러한 스테레오 타입들, 특히 성적 공격성과 고삐 풀린 행위라는 식의 성적 질투심을 겨냥한 스테레오 타입이 주민들 사이에 널리 퍼진 집시들에 대한 상들과 일치했다. 그래서 인종주의에 의해 자극받은 심한 차별 대우에 대한 제안이 그야말로 옥토에 떨어졌고, 유대인들에 대한 정책과 마찬가지로 별다른 반대 없이 광범위하게 퍼져 나갔다.

제2차 세계 대전은 나치 정권에게 원하지 않는 소수들의 계획적인 학살을 실행하기 위한 환영할 만한 배경의 역할을 했고, 그리고 비상시에는 자신들의 행동을 공개적으로 정당화하는 구실로 사용되었다. 1939년 9월 2일, 독일 제국 국경 지역에서 "집시들과 집시들처럼 떠돌아다니는 사람들의 접근"이 금지되었다. 이것은 별다른 어려움 없이 전시 조치로 설명되었고, 1939년 10월 17일에는 제국 보안부가 "집시와 집시 혼혈"은 그들의 거주 장소나 체류 장소를 더 이상 떠나서는 안 된다는 명령을 내렸다.

이 "확정 법규"와 함께 박해의 마지막 단계가 시작되었다. 지방 경찰서에 신티와 로마의 숫자를 조사하고(그래서 그들은 정주할 의무를 지니고 있었다) 인종 정책과 "예방적인 범죄 퇴치"의 범주들에 따라 분류하라는 과업이 떨어졌다. 1939년 9월 말, 곧바로 독일 땅에 있다고 추정되는 "30,000명의 집시들"은 유대인들과 마찬가지로 먼저 폴란드로 이송될 것이라고 결정되었다. 방금 점령되고 예속된 폴란드로 원하지 않는 사람들을 추방하는 것은, 다시 말해 그들을 학살하기 위한 첫걸음이었던 것이다. 마치 식민지처럼 지배하고 취급하는 동부 지역에서는 계획된 대량 학살이 좀 더 잘 위장될 수 있어야 한다는 식의 주민들에 대한 고려는 거의 필요가 없어 보였다.

1940년 5월 16일, 독일 제국 영역에서 가족 단위로 조직된 신티와 로마에 대한 강제 이송이 시작되었다. 히믈러는 4월 27일 함부르크, 브레멘, 쾰른, 뒤셀도르프, 하노버, 프랑크푸르트암마인과 슈투트가르트의 사법 경찰국에 명령을 내려, 그들 지역에 살고 있는 신티와 로마를 체포하여 집결 수용소에 감금하도록 했다. 그곳에서부터 수송이 함께 이루어졌고, 그 목적지는 점령된 폴란드였다. 대략 2,800명, 독일에 살고 있던 신티와 로마의 1/10에 해당하는 사람들이 희생된 이 만행은 또 하나의 민족 학살을 위한 총연습과도 같았다. 베를린에 있는 제국 보안부에서 할당량을 지정해 주었는데, 함부르크와 브레멘, 쾰른과 뒤셀도르프와 하노버 지역에서는 각각 1,000명씩, 프랑크푸르트와 슈투트가르트에서는 각각 500명씩을 할당했다. 각각의 가족을 선발하는 일은 해당 지역 사법 경찰에게 넘겨졌다. 이때 그들이 이송할 사람들을 선발하는 근거가 된 것이 바로 현장에서 그들을 도와준 제국 보건국의 "인종 생물학적 추천서"였다. 세 곳의 집결 수용소(슈투트가르트, 쾰른, 함부르크 근처의 호헨아스페르크)로부터 〔집시〕 가족들은 제국 철도의 특별 열차들을 타고 폴란드로 강제 이송되었고, 그곳의 여러 수용소에서——아이들과 노인들, 병사와 건강한 사람 모두 똑같이 매일 14시간 동안——고된 강제 노동으로 학대당했다.

1942년 12월 16일, 집단 수용소와 절멸 수용소 담당자인 하인리히 히믈러는 신티와 로마에 대한 일련의 살인적인 차별과 박해 조처들에 이은 〔학살을 위한〕 마지막 단계를 개시하라는 명령을 내렸다. 제국 보안부는 집행 규정들을 상세히 작성했다. 1943년 1월 29일에 마련된 것을 보면,

> 1942년 12월 16일, 친위대 총사령관의 명령에 의해 …… 집시 혼혈아, 로마 집시와 독일 핏줄이 아닌 발칸 혈통의 집시 족 구성원들을 일정한 지침에 따라 선별하고, 몇 주 간의 실행을 통해 집단 수용소에 수용한다. 이 인간 집단들은 나중에는 간단히 "집시 인간"이라고 표시될 것이다. 이 수용자들은 혼혈 정도가 어느 정도인지를 고려하지 않고 가족 단위로 아우슈비츠 집단 수용소로 보내질 것이다. 알프스 지구들과 도나우 지구들에서의 집시 문제는 특별한 규정을 통해 규정될 것이다. 순종 신티 집시와 순종으

로 통하는 라렐리 집시와 그 씨족에 대한 앞으로의 처리는 차후의 법규에 의해 규정될 것이다.

해당자들은 비밀리에 가족 단위로 체포되었고, 재산을 포기해야 했으며, 증명 서류들과 돈, 귀중품들은 "압수"되었다. 결국 약탈된 것이다. 감옥과 임시 수용소를 지나 이 사람들은 아우슈비츠-비르케나우의 폐쇄된 절멸 수용소의 땅으로 들어갔고, 그곳에서 그들은 경악스러운 상황 속에서 살았다. 당시 목격자의 진술에 따르면,

비가 내릴 때면, 모든 것이 흠뻑 젖었고, 수감자들은 무릎까지 진흙탕에 파묻혔다. 집시들은 그곳에 도착한 순간, 무슨 일이 벌어지고 있는지를 알았다. 화장터가 바로 근처에 있었다. 그곳에서 그들은 어린아이들을 치마 밑에 숨기거나 덮개로 덮어 주었다.

수감자들은 다시 인종 정책 "연구자들"에게 넘겨졌는데, 연구자들 중에는 악명 높은 집단 수용소 의사였던 멩엘레가 있었다. 그가 바로 많은 사람들을 사이비 과학 실험 대상으로 악용한 장본인이다. 1944년 8월 초 어느 날 밤에 아우슈비츠 "집시 수용소"가 모두 정리되었다. 프랑크푸르트에서 열린 아우슈비츠 재판(1964년)에서 한 목격자의 보고에 따르면,

무서운 광경들이 연출되었다. 여자들과 아이들은 멩엘레가 보는 앞에서 무릎을 꿇고 소리쳤다. "은혜를 베풀어 주세요, 은혜

를." 아무 소용이 없었다. 그들은 잔인하게 몰매를 맞았고, 짓밟혔고, 짐차에 처박혔다. 무섭고 몸서리치는 밤이었다. …… 구타당한 사람들은 누워서 꿈틀거리지 않았고, 트럭 위로 내팽겨졌다.

홀로코스트로 가는 도상에서 신티와 로마에 대한 민족 학살은 나치 통치 구역의 여러 곳에서, 폴란드 땅의 절멸 수용소인 아우슈비츠, 헤움노(쿨름호프), 트레블링카, 마이다네크에서, 폴란드와 발트 지역, 크로아티아, 세르비아, 우크라이나, 크림에서 집단 행위에 의해 자행되었다. 친위대와 경찰, 게슈타포와 독일군 헌병대 이외에도 폴란드, 레틴, 우크라이나 민병대와 크로아티아 우스타샤 파쇼들, 슬로바키아 흘링카 정예군, 독일의 인종 정책을 도운 세르비아와 다른 여러 조력자들이 그 일에 가해자로 가담했다.

희생자의 숫자는 살해된 유대인들보다 추정하기가 더 어렵다. 동유럽과 남동유럽에서 살고 있던 로마들은 그들의 생활 방식 때문에 통계 조사에서 계속적으로 빠졌고, 오랫동안 그것에 대해 연구하려는 노력도 하지 않았기 때문에, 대량 학살을 증명해 주는 기록들이 불충분하고 빈약한 실정이다. 실제로 그런 것들이 존재하지도 않았던 것 같다. 족히 200,000명이 넘는 신티와 로마가 나치의 민족 학살에 희생되었고, 500,000명까지 희생된 것으로 추정된다. 유대인들과는 달리 "집시들"은 박해당한 뒤에도 오랫동안 아무런 도움이나 이해를 받지 못했다. 독일의 손해 배상청은 1970년대까지 정치가들과 일반 여론과 마찬가지로 고통에 찬 박해에 대한 배상 주장에 반대해 왔는데, "집시들"은 무엇보다도 범죄와 반사회성으로 집단 수용소에 들어왔고 국가적인 차원에서 취한 조처의 희생자였기 때문에, 그것은 박해라는 운명 자체에 탓을 돌릴 수밖에 없다고 그들은 주장했다. 더군다나 나치 시기에 작성된 소수의 신티와 로마에 관련된 카드와 다른 서류들이 그러한 목적에 이용되었다. 현재의 차별에 대한 것뿐만 아니라 역사적인 박해에 대한 이해를 독일의 여론 속에서 불러일으키기 위해서 신티와 로마가 주도하는 시민권 운동이 필요했다.

12 절멸 수용소의 산업화된 대학살
1942~1944년

아우슈비츠는 크라쿠프에서 그리 멀지 않은 폴란드 땅인데, 주데텐과 카르파티아 산맥 사이에 있는 모라비아 협곡 근처의 소우아 강과 비수아 강 사이에 있었다. 그곳은 슐레지엔의 가장자리였고 독일 제국의 옛 국경 근처에 자리 잡고 있었다. 제1차 세계 대전 이전 이 도시는 오스트리아–헝가리 제국에 속해 있었다. 폴란드가 무너진 1939년, 오슈비엥침은 독일 제국에 합쳐졌고, 다시 아우슈비츠라 불리게 되었다. 1940년 초에 친위대 총사령관이며 독일 경찰 총수인 히믈러는 그곳에 수용소를 설치하라고 명령했다. 19세기에 오스트리아 군대가 주둔한 적이 있는 예전의 폴란드 병기 창고가 1940년 5월부터 아우슈비츠 수용소의 본관으로 사용되었다. 그것은 임시 수용소로 계획되었다가 만들어진 지 4년 반 만에 착취와 절멸을 위한 나치 제국의 가장 거대한 건물 군群으로 발전했다. 아우슈비츠에서는 집단 수용소의 노예들이 독일 산업을 위한 강제 노동을 감당했다. 그리고 아우슈비츠는 고안되어 실현된 가장 거대한 살인 기계였다. 아우슈비츠는 인간의 상상력 너머에 놓여 있었다.

  독일 산업은 서로 몇 킬로미터 떨어져 있는 아우슈비츠–모노비츠, 곧 제3수용소와 38개의 주변 수용소들에서 감금자들에게 더 이상 아무것도 짜낼 것이 없을 때까지 그들의 노동력을 착취했다. 철도 진입선과 경사진 플랫폼을 갖춘 제2수용소 아우슈비츠-비르케나우는 1941년 11월 말에 주 수용소에서 북서쪽으로 3킬로미터 떨어진 곳에 설치되었는데, 이곳은 애초부터 살인 공장이었다. 전 유럽에서 실려 온 유대인 수송자들이 이곳에 도착했고, 여기서 친위대는 더 이상 등록과 수감 번호, 번호 인두질과 같은 관리상의 절차 없이 곧바로 가스실로 보내질 사람들과 노동 능력이 있는 사람들을 구분했다. 비르케나우에서도 요제프 멩엘레 박사와 도착적인 다른 의사들이 의학 "실험들"을 실행했고, "집시 수용소"에서 신티와 로마는 1944년 8월 어느 날 밤에 살해될 때까지 이곳에서 근근이 살아갔다.

이 건물 군의 한가운데 있는 것이 주 수용소인데, 그곳은 폴란드 인을 위한 집단 수용소로 쓰이다가 처음으로 가스실이 설치된 장소가 되었다. 바로 이곳에서 인간 생명에 대한 대량 학살이 실험되었던 것이다. 수용소장은 (1943년 11월까지) 루돌프 회스였는데, 전직 친위대 중령(아돌프 아이히만과 서열이 같다)인 그는 경영인의 조직 수완으로 살인 공장을 건설하여 운영했고, 나중에는 회계사의 세밀함으로 그에 대한 보고서를 작성했다. 1900년에 태어난 루돌프 회스는 1934년에 친위대에 입대하기 전까지 극우 연맹들에서 적극적으로 활동했으며, 다하우와 작센하우젠 집단 수용소에서 근무했으며, 아우슈비츠에서의 근무 기간 이후에는 친위대 경제 관리국의 각 부서장과 모든 집단 수용소를 관리하는 최고 자리에까지 출세의 사다리를 올라갔다. 1946년 3월에 그는 영국 헌병에게 체포되었고, 뉘른베르크 재판의 증인이 되었으며, 그런 다음 크라쿠프에서 판사들 앞에 섰고, 1947년 4월 2일에 사형 선고를 받았다. 2주 뒤에 그는 예전에 자신이 맘껏 권세를 부리던 바로 그 장소 아우슈비츠에서 처형되었다.

회스는 대학살에서 자신의 역할에 대해 상세하게 보고했고, 그가 죽기 전에 자서전적인 기록을 마무리했다. 1941년 여름 베를린으로 온 회스는 명령을 하달받았는데, 히믈러에게서 아우슈비츠가 "유대인 문제의 최종 해결"에서 중추적인 기능을 맡게 될 것임을 알게 되었다. 친위대 총사령관은 회스에게 설명했다.

앞으로 발생하게 될지도 모르는 난제들을 고려할 틈도 없을 만큼, 그 일은 마지막 한 사람까지 투입할 것을 요구하는 힘들고 어려운 작업이다. 좀 더 자세한 세부 사항들은 곧 당신에게 가게 될 제국 보안부 중령 아이히만에게서 듣게 될 것이다. 이 일에 참여하는 기관에 대해서는 머지않아 나에게서 듣게 될 것이다. 당신은 이 명령에 대해 당신의 상관에게도 단단히 침묵해야 한다. 아이히만과 상의한 뒤, 곧장 나에게 기획된 건설 계획서를 보내도록 하라. 유대인은 독일 민족의 영원한 적이며 반드시 근절되어야 한다. 우리에게 넘어온 모든 유대인들은 지금 전시 동안에 예외 없이 제거될 것이다. 유대인들의 생물적인 토대를 파괴하는 데 우리가 지금 성공하지 못한다면, 언젠가는 유대인들이 우리 독일 민족을 파괴할 것이다. …… 그런 다음 얼마 뒤에 아이히만이 나를 만나러 아우슈비츠로 왔다. 그는 나에게 몇몇 나라에서의 행동 계획에 대해 알려 주었다. 그 이야기의 순서는 더 이상 정확하게 말할 수 없다.

우선 아우슈비츠에 대해서는 오버슐레지엔 동부와 그 국경이 접한 총독 관구령의 일부분이 고려되었다. 그런 다음, 독일과 체코슬로바키아 유대인들의 상황으로 나아갔다. 서쪽——프랑스, 벨기에, 네덜란드——도 논의되었다. 그는 나에게 강제 이송될 대략의 숫자에 대해 말했는데 …… 우리는 계속해서 학살 집행에 대해 의논했다. 가스 이야기만 나누었던 것 같다. 왜냐하면 총살로는 예상되는 엄청난 숫자를 제거한다는 것이 아무래도 불가능했고, 여자들과 아이들을 쳐다보며 이 일을 집행해야만 하는 친위대 대원들에게도 너무나 큰 부담이 될 것이기 때문이었다. 아이히만은 여태까지 동부에서 실행된 것처럼, 화물차에 가스를 뿜어 넣어서 죽이는 것에 대해 나에게 알려 주었다. 그러나 그것은 예상되는 아우슈비츠로의 집단 수송량을 감안하지 않은 것이었다. 제국 내 몇몇 장소에서 정신병자들을 살해할 때 사용되었던, 욕실 샤워기를 통해 일산화탄소를 뿜어 넣는 살인 방식은, 그만큼 엄청나게 많은 사람들을 죽이기 위한 가스 조달도 매우 큰 문제였지만, 너무나 많은 건물을 필요로 했다. 우리는 이 문제에 대해 결정하지 못했다. 아이히만은 손쉽게 조달되고 특별한 설비가 요구되지 않는 가스에 대해 궁리하다가 나에게 말했다. 우리는 적절한 장소를 확정 짓기 위해 들판으로 차를 몰았다. 우리는 나중에 비르케나우 제3건물의 북서쪽 구석에 자리한 낡은 농가가 적당하다고 판단했다. 그곳은 격리된 곳이었고, 주변의 자그마한 숲과 덤불이 시선을 막아 주었고, 철로에서도 그리 멀지 않았다.

1941년 9월 3일, 주 수용소 11구역 지하실에서 소독제 "치클론 B"를 가지고 사람을 죽이는 첫 시도가 실행되었다. 히믈러는 "유대인 문제의 최종 해결"이 가능한 한 합리적이고 효과적으로 실행될 수 있는 방법을 찾으라고 주문을 내렸었다. 포그롬과 학살, 총살과 참살 대신에 그 어떠한 마찰 손실 없이 완벽하게 조직화된 대량 학살이 마련되어야만 했다. 첫 번째 시도 이후 회스는 주 수용소의 화장터 공간을 가스실로 만들라고 했다. 원래의 시체실(길이 16.8미터, 폭 4.6미터)의 문들은 폐쇄되었고, 그 위에 가스(가스는 규조토에서 누출되는 가스이다. 규조토는 유사 결정 형태로 함석 깡통에 담아, 함부르크의 테슈, 슈타베노우 회사와 프랑크푸르트 암마인의 대게슈 회사에서 공급했다) 투입을 위한 구멍과 배관이 설치되었다. 이 가스실에서 맨 먼저 900명의 러시아 전쟁 포로들이 살해되었다. 살인 집행은 살인자들에게 만족스럽게 진행되었다.

비르케나우(아우슈비츠 제2수용소)에서 1942년 1월에 회스와 아이히만이 둘러본 농가 중 하나가 가스실로 개조되었고, 6월 말에는 두 번째 농가가 개조되었다. 그곳은 "벙커 1호"와 "벙커 2호"라고 표시되었고, 벙커 1호는 1942년 말에 철거된 뒤, (2개의 가스실을 갖춘) 대단위 화장터 건물로 바뀌었다. 1942년 초에 희생자들의 아우슈비츠 수송이 시작되었는데, 처음에는 오버슐레지엔의 유대인들이었고, 다음으로는 점령된 유럽의 모든 지역의 유대인들이었다. 1944년 여름, 헝가리 유대인의 강제 이송으로 그것은 최고점에 달하게 되었고, 1,800명의 그리스 유대인들을 로도스 섬에서부터 1944년 8월 말 아우슈비츠로 강제 이송한 사실은 뒤늦게 일어난 또 하나의 비극이었다. 그들을 살인하기 위해 한층 더 많은 건물을 짓게 되면서 절멸 수용소의 용량은 더욱 커졌다. 결국 시체들을 불태우기 위해 4개의 화장터가 가동되었다. 샤워실로 위장된 가스실에는 희생자들이 옷을 벗어 놓는 막사 같은 곳이 있었고, 다른 건물에서는 옷가지와 귀중품, 가방과 안경, 잘려 나간 머리카락 들이 재사용을 위해 정리되어 쌓여져 있었다.

도착된 이송자들 중에서 90퍼센트까지가 노동 능력이 없는 것으로 선별되어 플랫폼에서 곧바로 가스실로 끌려갔다. 노동력을 아직도 활용할 수 있는 사람들도 힘을 모조리 빼앗기고 나면 똑같은 운명이 예정되어 있었다.

막스 만하이머, 1920년대 체코슬로바키아의 노이티차인에서 태어나 상과 대학을 졸업하고, 상인 도제 과정을 마친 그는 대개 보헤미아와 모라비아의 유대인들이 거쳐 간 정거장——강제 노동, 다음은 테레지엔슈타트——을 거쳐 1943년 1월에는 아우슈비츠로 이송되었다. 그의 부모와 젊은 부인, 여동생과 처제, 그리고 두 형제들도 함께 수송되었다.

아우슈비츠-비르케나우, 죽음의 플랫폼, 1943년 2월 1일 한밤중. 모두 내려! 모두 내려 봐! 무서웠다. 모든 사람들은 …… 호주머니에 가능한 한 많이 넣으려 했다. 친위대 대원들은 고함을 질렀다. 움직여! 좀 더 빨리! 셔츠를 하나 더 입는다. 또 외투 하나. 담배들. 아마도 홍정물로. 남자들은 이쪽으로, 여자들은 저쪽으로. 아이들이 있는 여자들은 화물차 위로. 걷기가 불편한 남자들과 여자들도 화물차를 타고 갈 수 있었다. 많은 사람이 손을 들었다. 나머지는 다섯 줄로 섰다. 한 여자가 우리 쪽으로 건너오려고 했다. 그녀는 추측컨대 남편이나 아들과 말하려고 했던 것 같다.

한 친위대 대원이 몽둥이로 그녀를 후려갈겼고 그녀는 땅바닥에 쓰러졌다. 목덜미를. 그녀는 땅바닥에 누워 있다. 끌려간다. 일하러 가는 걸까?

친위대 장교 한 사람이 우리 앞에 서 있다. 중위. 한 보초가 그렇게 불렀다. 아마도 의사 같아 보인다. 하얀 가운을 입지도 않았고 청진기도 없다. 녹색 유니폼을 입고 있다. 친위대의 해골모를 썼다. 우리는 한 사람씩 앞으로 나아갔다. 그의 목소리는 낮다. 너무도 낮다. 나이와 직업, 건강한지 여부를 묻는다. 손을 앞으로 보이라고 한다. 몇 사람의 대답을 듣는다.

열쇠공, 왼쪽으로. 관리인, 오른쪽으로. 의사, 왼쪽으로. 노동자, 왼쪽으로. 바타 회사의 창고 관리인, 오른쪽으로. 그 사람은 우리가 아는 사람이다. 보이코비치 출신의 뷔홀러다. 목수, 왼쪽으로. 그런 다음 아버지가 줄에 섰다. 조수. 아버지는 관리인과 창고 관리인을 따라 간다. 아버지는 55세이다. 그것이 이유인 것 같다. 그 다음은 나다. 23세. 건강함. 도로 건설 노동자. 양손에 박힌 못. 얼마나 잘 생긴 못인가. 왼쪽으로. 남동생 에른스트. 20세. 배관공. 왼쪽으로. 남동생 에드가. 17세. 제화공. 왼쪽으로. 어머니와 아내, 누이, 처제를 찾으려고 했다. 불가능하다. 수많은 차량들이 떠났다.

3열 종대. 친위대 보초 하나가 체크제 담배를 달란다. 내가 하나를 준다. 그가 내 질문에 대답한다. 아이들은 유치원에 간다. 남자들은 아내들을 일요일마다 방문할 수 있다. 오로지 일요일만? 그것만으로도 족하지! 아마도 족할 거야.

우리는 행진한다. 아주 좁다른 거리. 우리는 밝게 빛나는 곳을 본다. 전쟁의 한가운데. 어두움이란 없다. 기관총을 갖춘 감시탑들. 이중 철조망, 조명, 막사. 친위대 경비들이 문을 연다. 우리는 행진해 들어간다. 우리는 비르케나우에 있다. 한 막사 앞에 우리는 10분 동안 서 있다. 그런 다음 우리는 들어간다. 남자들, 여자들, 아이들을 합쳐 모두 1,000명의 수송자들 중에서 이제는 155명의 남자들만 남았다. 많은 수감자들이 책상에 앉는다. 돈과 귀중품들은 내놓아야 했다. 숨긴 것도. 내놓지 않는다면 무서운 벌을 받는다. 나는 셔츠 깃에서 하나를 끄집어낸다. 10달러 지폐 한 장. 장인어른이 줬다. 비상금으로. 이름이 등록된다. 신분증을 소지해도 되냐고 내가 묻는다. 안 된다는 대답이다. 새 것을 얻는다고 한다. 우리는 밖으로 나온다. 그런 다음 다른 막사의 한 공간에서 우리는 옷을 벗는다. 오로지 신발과 허리띠만 가질 수 있었다. 머리를 삭발당한다. 그리고 면도질. 이 때문이란다. 쿠프렉스라는 살충제를 뿜어 댄다. 마치 사우나 같다. 우리는 벌거벗은 몸이고 온기가 그립다. 우리는 유별나게 보인다. 우습다. 빡빡머리에 벌거벗은 배에다 감은 허리띠. 그리고 우리는 신발을 신는다. 줄무늬 옷을 입은 수감자가 들어온다. 그가 우리 앞에 선다. 우리는 여자들과 아이들에 대해 묻는다. "굴뚝으로 들어가." 우리는 그의 말을 이해 못한다. 우리는 그를 새디스트라고 생각한다. 우리는 더 이상 묻지 않는다.

(1945년 1월 말, 아우슈비츠를 해방시킨) 붉은 군대에게 아무런 흔적을 남기지 않기 위해 1944년 10월 말부터 아우슈비츠-비르케나우에 있던 절멸 기구들은 히믈러의 명령에 따라 파괴되었다. 가

스실을 갖춘 화장터는 폭파되었다. 아우슈비츠의 살인 기계의 희생자의 정확한 수치는 알려져 있지 않다. 회스는 뉘른베르크 재판정에서 2,500,000명이 이 가스실에서 살해되었다고 말했다. 하지만 [250만은] 너무나 많은 수치이고, 홀로코스트를 부정하는 극우파들이 아우슈비츠에 관한 모든 진술은 틀렸고 모든 것은 생존자들이 증언하고 가해자들이 확인한 것과 달랐다는 주장의 증거로 이것을 이용했다. 1942년 1월과 1944년 11월 사이, 곧 가스실이 최고로 가동되어 움직이던 시간대의 아우슈비츠의 살인 대차 대조표는 대략 백만 명 정도다. 그렇게 볼 때, 아우슈비츠 수용소는 홀로코스트의 가장 거대한 학살 장소였다.

집단 수용소에서 절멸 장소로 발전되었고 착취와 절멸이라는 두 가지 목표가 나란히 추구된 아우슈비츠의 상황과 비교해 볼 때, 1941년 가을에 행정 구역상 수도인 루블린에 설치되었던 집단 수용소는 아주 색다른 수용소였다. 그 절멸 수용소는 마이다네크(루블린 시의 한 구역)라는 이름으로 알려졌다. 1944년 7월 소비에트와 폴란드 군대에 의해 해방되기 전까지 이 수용소가 존재한 전 기간 동안 약 200,000명이 살해되었고, 그중에서 대략 60,000명이 유대인이었다. 절멸 행위의 국면은 1942년 여름에서 1944년 7월까지 지속되었다. 아우슈비츠에서 처음으로 치클론 B나 이산화탄소로 살해되었는데, 이것은 철제병에 담겨 운반되어 배관 시스템을 통해 가스실 안으로 투입되었다. 1943년 가을에도 특수 부대의 활동 시기와 마찬가지로 학살이 있었는데, 이때는 희생자들이 총살로 살해되었다.

1943년 11월 3일, 오랫동안 준비된 작전이 벌어졌는데, 수감자들은 "피의 수요일"이라고 불렀고, 가해자들은 "추수 감사제 작전"이라고 불렀다. 이날에 친위대가 운영하는 "독일 군수 공장"과 외인부대에서 일했던 수용소 유대인 모두가 희생되었다. 사망자는 거의 18,000명이었다. 화장터의 소장이던 에리히 무스펠트가 목격자로서 보고하기를,

10월 말 어느 날, 새로 마련된 화장터에서 대략 50미터 정도 떨어진 5번과 6번 칸 뒤에 무덤들을 팠다. 그 작업에는 3일 밤낮으로 150명이 교대로 투입되었는데, 대략 300명의 수감자들이 그 작업에 동원되었다. 이 3일 동안에 2미터 높이에 대략 100미터 길이의 지그재그 모양의 무덤이 3개 만들어졌다. 같은 시간에 아우슈비츠 집단 수용소와 크라쿠프, 바르샤바, 라돔, 렘베르크, 루블린에 있는 친위대와 경찰 본부에서 특공대가 마이다네크로 들어왔다. 전반적으로 볼 때, 앞서 말한 모든 장소에서 대략 100명의 친위대원들이 도착했는데, 그들이 특공대를 이루었다.

수용소 주변의 야간 경비가 강화되었고, 11월 3일 아침 점호 때 모든 유대인은 따로 구분되었다. 외부 수용소의 유대인 수감자들이 외부 특공대들과 함께 긴 행군 대열을 이루며 왔다.

6시경──아마도 그때가 7시였던 것 같기도 하다──일찍이 대대적인 작전이 시작되었다. 5번 칸에 있던 유대인 일부가 막사 안으로 끌려갔다. 그곳에서 그들은 모두 벌거벗어야만 했다. 그런 다음 유치장 담당관인 투만이 5번 칸과 무덤 사이의 철조망을 끊었

다. 그러자 통로가 생겨났다. 그곳에서부터 무덤까지 무장한 경찰이 도열해 있었다. 이 경계선을 통해 발가벗은 유대인들이 무덤으로 끌려갔다. 그곳에서 특공대의 한 친위대원이 그들에게 10명씩 무덤 안쪽으로 올라가라고 명령했다. 무덤 안에 먼저 들어간 사람들은 구석까지 몰려갔다. 그들은 그곳에 엎드려야만 했다. 그런 다음 특공대 중 무덤가에 서 있던 친위대 대원들에게 총살되었다. 다음 그룹들도 마찬가지로 무덤의 끄트머리로 끌려갔다. 그곳에서 그들은 이미 사살된 사람들 위에 엎드려야 했다. 그렇게 시간이 지남에 따라 무덤은 차곡차곡 거의 꼭대기까지 찼다. 남자들과 여자들은 분리된 그룹에서 총살되었다. 그 작전은 중단없이 오후 5시까지 계속되었다. 총살에 참여한 친위대 대원들은 교대되었다. 그들은 점심을 먹기 위해 시내에 있는 친위대 병영으로 떠났지만, 그 작전은 중단 없이 계속 진행되었다. 그 시간 내내 차의 스피커에서는 음악이 흘러나왔다.

반제 회의 석상에서 총독 관구의 대표이던 차관 뷜러가 "이 지역의 유대인 문제를 가능한 한 빨리 해결하자"고 발언했다. 그때가 1942년 1월이었다. 뷜러는, 총독 관구에 거주하는 것으로 추산되는 2,500,000명의 유대인은 대부분 노동 능력이 없으며, 전염병을 옮기는 자들로 이른바 극도의 위험을 만들어 내고 있으며, 게다가 다행스럽게도 학살로 가는 길의 특별 수송에 관해서는 별다른 문제가 없다고 주장했다.

점령된 폴란드 총독 관구의 행정 구역인 바르샤바, 크라쿠프, 루블린, 라돔과 렘베르크에서 유대인들을 근절하기 위한 준비 작업들은 당시에 벌써 진행되고 있었다. 이 일의 책임자는 친위대 소장인 오딜로 글로보치니크였는데, 그는 트리에스테에서 태어난 오스트리아 사람으로 1922년에는 케른텐 나치당에, 1932년에는 친위대에 입대했다. 1938/39년에 그는 빈의 지구당 위원장이 되었는데, 외국환 암거래 때문에 공직을 박탈당했다. 1939년 11월에 35세가 된 그는 루블린 행정 구역의 친위대와 경찰 지휘관으로서 두 번째 기회를 부여받게 되었다. 폴란드 유대인에 대한 학살 명령의 집행자였던 글로보치니크는 친위대 총사령관 히틀러 휘하에 있었다(서열과 인사 체계에 따라 그는 총독 관구의 좀 더 높은 친위대와 경찰 지휘관, 곧 친위대 대장이던 프리드리히 크뤼거 휘하에 머물렀다).

(살해당한 유대인들의 재산을 인수한 제국 재무성의 차관이 이름 붙인) "라인하르트 작전"의 관계자는 대략 450명으로 구성되었고, 주로 친위대 하사관급들이 우세했으며, 그중에서 대략 100명 정도는 베를린의 "총통 비서실"에서 파견한 사람들이었다. 그들은 1941년에 시행된——장애자들을 살해한——안락사 프로그램의 살해 전문가들이었다. 교육받은 이 전문가들이 독가스로 살해하는 지식을 라인하르트 작전에 도입했던 것이다.

1941년 10월 말에서 12월 말 사이에 첫 번째 사람들이 루블린으로 왔다. 그들 중에 경감 크리스티안 비르트가 끼어 있었는데, 그는 안락사 프로그램에서도 협력했고, 헤움노(쿨름호프) 수용소에서도 기발한 착상을 가진 전문가로 활동했었다. 1941년 12월에 비르트는 라인하르트 작전의 일환으로 건설된 제1절멸 수용소의 소장이 되었다. 1942년 8월부터 그는 세 절멸 수용소인 베우제츠와 소비부르와 트레블링카의 감독관이 되었다.

폴란드 동부에 놓인 베우제츠 수용소는 기차역 근처에 있었는데, 그곳은 길이 275미터에 폭 265미터 크기의 대지에 두 부분, 곧 도착과 관리 부분(제1수용소), 학살 부분(제2수용소)으로 나뉘어져 있었고, 이 막사들에 가스실이 설치되어 있었다. 1942년 2월 말, 첫 번째 수송 열차가 베우제츠에 도착했다. 대량 살인을 어떻게 하면 가장 효과적으로 가동시킬 수 있는지 며칠 동안 실험이 이루어졌다. 헤움노(쿨름호프)에서 충분한 경험으로 자동차 배기 가스를 사용해 본 비르트는 아우슈비츠와는 달리 자동 학살 시스템을 사용하기로 결정했고, 이제는 산업체에 의한 재료 공급에 더 이상 얽매이지 않았다. 비르트는 베우제츠에서 설비 장치들을 위장하여 불시에 기습적으로 희생자들을 속이는 시스템을 시험해 보았다. 수송 열차의 도착에서부터 그 탑승자들의 집단 무덤에서의 마무리까지 가능한 한 적은 시간을 소모하는 것이 그 목표였다.

독일 관계자들은 간부의 역할을 수행했고, 학살 과정에서 우크라이나의 "지원자들"이 협력했는데, 이들은 특수 교육 수용소인 트라브니키에서 이 목적을 위해 친위대 대원에게 교육을 받은 사람들이었다. 우크라이나 인들은 도착 현장에서부터 가스실까지 감시원의 역할을 했고, 희생자들을 윽박질렀으며, 기차에서 살해 장소에까지 그들을 매질했고, 옷을 벗는 것을 감시했으며 약탈을 감독했다. 절멸 수용소 베우제츠는 1942년 말까지 존재했는데, 그곳에서 대략 600,000명의 유대인이 희생되었다.

베우제츠의 경험들은 라인하르트 작전의 두 번째 절멸 수용소인 소비부르에서 1942년 3월부터 활용되었다. 이곳은 사람이 별로 많이 살지 않는 곳이었다. 여기도 마찬가지로 가장 중요한 전제 조건은 기차와의 연결 여부였는데, 주변 철로에 소비부르 역을 연결시켰다. 소비부르의 수용소장은 프란츠 슈탕을이었는데, 오스트리아 태생으로 린츠의 안락사 현장인 하르트하임에서 일했고, 나중에는 트레블링카의 책임자로 폴란드 내에서 가장 능력 있는 수용소 소장이란 명성을 얻었다(그는 1947년 오스트리아 형무소에서 나와서 시리아를 거쳐 브라질로 도망갔다. 1967년에야 체포되어 독일 연방 공화국으로 호송되었고, 1970년에 900,000명의 유대인을 살인한 것에 대한 공동 책임자로 종신형을 선고받았다).

소비부르에서는 세 차례의 절멸 물결——1942년 5~6월, 1942년 10~12월과 1943년 3월——에서 대략 250,000명이 살해되었다. 가해자 중 한 사람인 에리히 바우어는 자신의 역할 때문에 수감자들에게 "가스 전문가"라고 불렸는데, 그의 보고에 따르면, 이 과업은 직접 책임자들에게는 만족스러운 것으로 간주되었다.

소비부르의 식당에서 나는 프렌첼, 슈탕을, 바그너의 대화를 우연히 들은 적이 있었다. 그들은 절멸 수용소 베우제츠, 트레블링카와 소비부르에서의 희생자의 숫자에 대해 얘기를 나누었고, 경쟁심에서 소비부르가 "맨 꼴찌야"라고 유감을 표시했다.

살인자 중 한 사람은 1942년 초 소비부르에서 자신이 수행한 활동을, 의무에 투철한 기술자의 간결한 언어로 묘사했다. 그는 자기에게 부여된 과업을 아무런 감정 없이 열심히 이행한 인물이었다. 친위대 하사관인 에리히 푹스가 자동차로 관계자들을 루블린에서 데리고 왔고, 렘베르크에서 엔진을 하나 가지고 왔다. 인간의 생명을 절멸한 기구가 설치되고 가동되었다.

    소비부르에 도착해서 나는 역 근처에서 콘크리트 건물과 더 많은 견고한 건물들이 있는 곳을 찾아냈다. …… 우리는 엔진을 차에서 내렸다. 최소한 200마력(카뷰레터 모터, 8기통, 수냉식)을 가진 러시아의 중형 휘발유 엔진(아마도 탱크 엔진이거나 아니면 트랙터 엔진)이었다. 우리는 그 엔진을 콘크리트로 된 받침대에 올려놓고 배기 장치와 배관 사이에 연결 부분을 만들었다. 그리고 난 뒤 나는 엔진을 시운전했다. 처음에는 작동되지 않았다. 점화 장치와 밸브를 잘 손질했더니, 엔진이 마침내 돌아갔다. 이미 베우제츠에서 알고 지내던 한 화학 전문가가 가스 밀도를 검사하기 위해 측정기를 가지고 가스실로 들어갔다. 그런 다음 가스 투입 시험이 진행되었다. 한 가스실에서 30~40명에게 가스가 투입된 것으로 기억된다. 유대인 여자들은 가스실 근처, 지붕만 달랑 있는 맨땅에서 옷을 벗었고, 앞에서 말한 친위대 소속 대원들과 우크라이나 보조 대원들에 의해 가스실로 끌려갔다. 여자들이 가스실에 들어가고 문이 닫히자, 나는 바우어와 엔진을 조절했다. 엔진은 곧 공회전을 시작했다. 엔진 옆에 서 있던 우리는 "샤워실 배출기"를 열었고, 그러자 가스가 가스실로 흘러 들어갔다. 화학 기사의 권고에 따라 나는 엔진을 일정한 속도에 맞췄고, 가스 투입을 또 할 필요는 없었다. 대략 10분 후에 30~40명의 여자들이 죽었다. 그 화학 기사와 친위대 대원들이 엔진을 멈추라고 신호를 보내왔다. 나는 내 공구들을 챙기면서 시체들이 어떻게 운반되는

지를 보았다. 시체는 광산용 수레에 담겨 가스실에서 멀찍이 떨어
진 곳으로 운반되었다.

트레블링카는 학살 기술로 보면 가장 완벽한 라인하르트 작전
이 실행된 수용소였다. 크기와 장치 면에서 그곳은 소비부르와 맞
먹었다. 1942년 초에 그 장소가 확정되었고, 마찬가지로 기차와의
연결 여부가 결정적이었지만, 위장의 가능성을 갖춘 한적한 곳이
란 점도 중요했다. 1942년 7월부터 1943년 8월까지 트레블링카의
절멸 기계는 모두 900,000명의 사람 목숨을 앗아갔다.

트레블링카의 몇 안되는 생존자 중 한 사람인 리하르트 글라
차르는 테레지엔슈타트를 거쳐 그곳으로 이송되었다. 22살 난 이
보헤미아 청년은 "노동 유대인"으로 쓸모가 있었기 때문에 즉각적
인 처형을 면할 수 있었다. 1942년 10월부터 1943년 8월까지 10
개월 동안, 그는 살해된 사람들의 소지품을 정리했고, 그들의 옷
가지들을 묶었으며, 항상 자신의 죽음을 기다리며 살인 공장에서
의 질서를 유지하는 일을 도왔다. 1943년 8월 2일 수감자들의 반
란 때, 그는 도망치는 데 성공했다. 한 친구와 동행하여 폴란드를
경유해 독일 제국 안으로 들어갔는데, 그곳에서 그는 군수 산업에
서 "외국인 노동자"로 위장한 채 만하임에서 종전과 해방을 맞이
했다. 1960년대와 1970년대에 뒤셀도르프 주 법정에서 이루어진
트레블링카 가해자에 대한 재판에서 리하르트 글라차르는 여러
증인들 중 한 사람으로 나섰다. 그는 아우슈비츠 다음으로 제일
컸고 "초록색 울타리를 가진 덫"인 절멸 수용소에 대해 정확하게
설명해 주었다.

작지만 엄청난 용량을 지닌 덫이 바로 트레블링카이다. 그것은 예전의 러시아-폴란드 국경과 부크 강에서 그리 멀지 않은 모래 땅 위에 세워졌다. 색출도, 번호 인두질도 없이, 움직이는 기차에서 곧바로 "소독 샤워실", 곧 가스실로 이어졌다. 트레블링카란 이름은 몇몇 가난한 농가들이 있던 부근의 장소에서 따온 것이다. 첫 가스실이 완성되고 난 뒤, 이 살인 공장은 1942년 6월에 가동되기 시작했다. 그곳은 시간당 300명에서 500명을 학살할 수 있는 용량을 갖춘 곳이었다. 1942년 9월 어느 날 좀 더 큰 용량을 가진 가스실들이 가동되었다. 벽돌 건물 안의 가운데 복도를 따라 다섯 개씩의 "샤워실"이 설치되었다. 모든 가스실에서는 40분마다 100명을 몰아넣을 수 있었고, 따라서 10개의 가스실에서 1,000명을 단번에 살해할 수 있었다. 게다가 아우슈비츠에서 사용된 치클론 B를 쓰지 않았고, 그저 약탈한 러시아 탱크의 엔진들의 배기가스를 사용했다.

1942년 가을, 대략 폭 400미터에 길이 600미터 면적의 공간 위에서만 매일 15,000명까지 쓰러져 목숨을 잃었다. …… 트레블링카 수용소의 두 구역은 아주 엄격하게 서로 분리시켜 놓았다. 그 사이에 모래벽이 우뚝 솟아 있었다. 첫 번째 좀 더 큰 구역에는 진입 경사로, 탈의장, 수송자들의 온갖 물건들이 산더미처럼 쌓인 정리 장소가 함께 있었고, 그곳에 속해 있는 막사들이 있었다. 흔히 말하듯 이곳 임시 수용소는 노동 유대인의 숙소 막사와 친위대의 거주 막사와 소장실이 붙어 있었다. 두 번째 작은 구역이 바로 살인 수용소였다. 그러나 그것을 그렇게 불러서는 안 되었다. 친위대 대원들은 항상 "제2수용소"라고만 말했다. 그곳에는 가스실들과 시체실, 전차 레일로 만든 커다란 화장용 쇠살판과 노동 유대인들을 위한 숙소 막사들이 있었다. …… 며칠 뒤에 나는 우리를 수송해서 무슨 짓을 하는지, 그리고 트레블링카로 도착한 수송자들에게 도대체 무슨 일이 일어나는지를 알아챘다. 입구 앞에 있는 단선 철로 위에서 많은 수의 화물칸들의 연결이 풀렸다. 500명의 사람들이 들어 있는 경우도 많았고, 1,000명이 있는 경우도 많았다. 기관차가 그 화물칸들을 천천히 문을 통해 밀어 넣었다. 그 다음에 이런 일이 뒤따랐다. "모두 내려, 좀 더 빨리. 손가방은 가져가고 무거운 가방은 그냥 둬. 나중에 운반될 테니까." 진입 경사로를 지나 많은 무리의 사람들이 탈의장으로 들어갔다. 그곳은 초록색 울타리가 쳐진 장소였는데, 우리는 거기서 소독을 위해 발가벗어야 했다. "남자들은 오른쪽, 여자들은 아이들과 함께 왼쪽으로." 사람들이 내려서 끌려가기 전까지 나는 그들과 함께 옷을 벗은 채로 그곳에 서 있었다. 여자들은 "이발소"로 끌려가서 삭발을 당했다. 여자들의 머리카락으로 엔진의 개스켓이 만들어졌던 것 같다. 이미 발가벗은 남자들은 그 사이에 자신들이 가져온 손가방들을 바로 옆의 정리 장소가 있는 탈의장 구석에 쌓아 놓았다. 친위대원들은 뛰면서 그들을 데리고 갔다. 심호흡을 한 번 할 시간이 지나자마자 다음 가스실에서의 일은 더욱 빨리 진행되었다. 머리를 삭발당한 여자들과 아이들, 그리고 앙상한 뼈만 드러낸 남자들 모두 차례차례로 "호스관처럼 생긴 통로"를 지나 수용소 두 번째 구역으로 끌려갔다. 그 호스관처럼 생긴 통로는 가시 철조망으로 된 너무도 좁다란 골목길이었는데, 그것은 사람들이 사나운 동물들을 서커스 원형 경기장 안으로 몰고 갈 때 사용하는 출입문을 연상케 했다. 단지 이 골목길은 더 길었고, 굽어 있었으며, 안쪽으로도 바깥쪽으로도 볼 수가 없었다. 가시 철조망은 두꺼웠고, 트레블링카 수용소처럼 녹색 섶나무로 엮어진 울타리였다. 수용소 두 구역 사이의 경계 부분에는 "자그마한 카운터"가 호스관처럼 생긴 통로 쪽 바로 앞쪽에 설치되어 있었다. 이 작은 목조 건물의 카운터에다 그들의 모든 서류와 시계와 귀금속을 내놓아야만 했다. 바로 여기서 알몸의 이름 없는 생명체는 정말 아무것도 남김 없이 모두 강탈당했던 것이다.

폴란드 유대인들 중 가장 많은 사람이 베우제츠와 소비부르, 트레블링카 세 곳에서 "라인하르트 작전"에 의해 희생되었다. 그런데 서부 유럽에서 온 유대인들——네덜란드와 프랑스 유대인들——과 오스트리아와 슬로바키아의 유대인들은 소비부르에서 학살되었다.

1942년 7월에 히믈러는 1942년 12월 31일을 〔라인하르트 작전의〕 최종일로 명령했다. 하지만 의무감에 충실한 살인 특공대 대원들조차도 그 명령을 수행할 수 없었다. 1943년 11월 초에야 비로소 글로보치니크가 히믈러에게 보고하기를, "나는 1943년 10월 19일 총독 관구에서 실행한 라인하르트 작전을 마무리 지었고, 모든 수용소를 해체했습니다."

마지막 몇 개월은 오로지 흔적을 지우는 데 쓰여졌다. 친위대 대령인 블로벨 휘하의 1005 특공대의 전문가들은 집단 무덤에서 시체들을 발굴하는 경험을 이미 한 적이 있었다. 굴삭기로 구덩이에서 시체들을 올려와서는 기차 레일로 만든 쇠살판 위에서 불태웠다. 그리고 남은 것들은 골분기로 빻았다. 끝으로 재와 남은 뼈들은 그 구덩이에 다시 부어 넣었다.

베우제츠 수용소는 맨 먼저 철거되었다. 소비부르는 히믈러의 명령에 따라 집단 수용소로 변경되었고, 노획된 탄약이 그곳에서 보관되고 정리되었다. 트레블링카에서는 "노동 유대인들"이 사살되기 전에 마지막으로 파견되어 막사와 울타리를 철거했고, 그 지역은 새로 개간되어 나무들이 심어졌다. 새로 설치된 농가들에는 수용소 관계자 출신의 우크라이나 사람들이 정착했다.

1942년이 지나면서 아우슈비츠의 절멸 능력이 더 커지자, 라인하르트 작전의 수용소들이 더 이상 이용되지 않았다. 이제부터는 아우슈비츠가 나치의 통치 아래에 있는 모든 나라들에서 온 수송들을 받아들여, 이송 열차로 수송되어 온 유대인을 극도로 합리적인 방식으로 살해하는 데 쓰였다. 1944년 초에 "최종 해결"의 운명은 큰 집단인 헝가리 유대인들에게 마지막으로 닥쳐왔다.

1942년 1월, 베를린의 암 그로센 반제의 빌라에서 열린 회의에서 공식적으로 발표된 유럽의 모든 유대인들의 절멸이라는 목표는 달성되지 못했다. 그러나 6,000,000명이 살해된 홀로코스트는 유일무이한 인류 범죄가 되었다. 희생자 수치 —여기서는 확실히 증명된 최소 수치의 문제이다— 는 적당하게 표현할 수는 없다. 게다가 그 수치란 것도 너무나 추상적이다. 그렇지만 우리는 민족 학살의 차원을 설명하기 위해서 그것을 거론할 수밖에 없다. 독일 유대인 165,000명, 오스트리아 유대인 65,000명, 프랑스와 벨기에 유대인 32,000명, 100,000명이상의 네덜란드 유대인, 그리스 유대인 60,000명, 같은 수치의 유고슬라비아 유대인, 140,000명이 넘는 체코슬로바키아 유대인, 헝가리 유대인 500,000명, 소비에트 연방 유대인 2,200,000명, 그리고 폴란드 유대인 2,700,000명. 거기에다 루마니아와 트란지스트리엔의 포그롬과 학살로 죽은 사람들(200,000명이 넘는다)과, 알바니아와 노르웨이, 덴마크와 이탈리아, 룩셈부르크와 불가리아에서 강제 이송되어 살해된 유대인들이 덧보태져야 한다. 이 모든 사람들은 직간접적으로 독일 우월 민족이 선포하고 순응하며 따랐던 나치의 인종 이데올로기의 깃발 아래에서 그 고귀한 생명을 잃었다.

독일 사람들이 홀로코스트에 대해 과연 얼마나 알고 있었을까라는 질문은 범죄 이후 반세기가 지난 지금에도 되물어야만 한다.

히믈러는 다른 위장 개념과 언어 규정을 사용하지 않고 유대인 학살은 기정 사실이라고 여러 번 말했다. 1943년 10월 포즈나인에서 그는 나치당의 고위 간부들 앞에서 제노사이드〔집단 학살〕의 강행에 대해 이데올로기적으로 설명했다.

동지들, 몇 마디 되지 않는 "유대인은 근절되어야 한다"는 문장은 쉽게 내뱉을 수 있는 말이다. 〔하지만〕 이 글귀가 요구하는 일을 실행에 옮겨야만 하는 사람들에게는 세상에서 가장 고단하고 가장 어려운 일이다. …… 다음과 같은 문제가 우리에게 제기되었다. 여자들과 아이들은 어떻게 처리할까? 나는 이에 대해서도 대단히 명료한 해결책을 찾고자 했다. 즉, 남자들은 근절하고——따라서 죽인다, 죽게 한다고 말하자——커서 우리의 아이들과 손자들에게 복수를 할 유대인 아이들은 그냥 내버려 두라고 요구할 권리가 있다고는 생각지 않는다. 이 민족을 지구에서 사라지게 하는 어려운 결정은 반드시 받아들여져야만 했다.

독일군 장군들 앞에서도 그는 마찬가지로 "유대인 문제"에 대해 말했고, 고위 장교들의 강력한 찬사 속에서 선포되었다. "유대인 문제는 우리 혈통의 생존이 달려 있는 우리 민족의 생존 투쟁에 부합하여 단호하게 해결되었다. 나는 여러 동지들에게 그에 대해 분명히 말한다."

나치 정권의 장교들과 관료들 앞에서, 유대인 학살에 대해 밝힌 히믈러의 노골적인 장황한 말로는 당연히 독일 사람들 대다수가 홀로코스트에 대해 알고 있었다는 추론을 할 수는 없다. 그러나 그에 대해 간접적으로 알 수 있는 가능성은 많았고, 그 일에 대해 몰랐을 리가 없다. 휴가 나온 독일군 사병들이 동부 전선에 대해 얘기해 주었고, 그들이 무엇을 보았는지에 대해 집으로 편지를 보내기도 했다. 게토와 집단 수용소의 존재는 유럽 전 지역에서 "동부로의 이주를 위한" 강제 이송과 마찬가지로 은폐되어 있을 수는 없었다.

독일 통치 지역의 동쪽 끝에서 일어났던 조직적인 민족 학살에 대해──그것은 소문으로 그치지 않았고──그들은 많든 적든 간에 분명히 알고 있었다. 독일 사람들은 알고 싶어하지 않았지만 가스실과 절멸 수용소에 대해서도 알고 있었다. 많은 사람들에게 자위 수단이었던 것이 히틀러 국가가 붕괴하고 난 뒤에는 한 세대의 평생의 거짓말이 되어 버렸다. 그들은 그 범죄들에 대해 경악하고 부끄러움을 갖고 있었기 때문에, 그 범죄에 대해 알고 있었다는 사실로 인한 공동 책임을 지는 것을 원하지 않았다. 1945년 이후에는 자신들은 아무것도 몰랐다고 일제히 주장했고, 민족 대학살은 소수 범죄자 패거리들만의 비밀이었다고 변명해 왔다.

반세기 동안 법률가들과 역사가들이 홀로코스트 연구에 몰두해 왔다. 법률가들은 가망 없긴 하지만 이 땅의 정의와 가해자 처벌을 위해 반드시 필요한 노력을 기울여 왔다. 역사가들은 온전한 진실을 하나하나 찾아내려는 어려운 진상 규명 작업에 매달리고 있다. 1945년 말에 시작된 뉘른베르크 재판부터, 1961년 예루살렘에서 열린 아이히만 재판을 거쳐, 1960년대 중반 프랑크푸르트에서 열린 아우슈비츠 재판과 뒤셀도르프에서 열린 트레블링카 재판들까지 수많은 소송 절차들이 법적인 한계를 드러냈지만, 그래도 일어난 사건들의 진상을 해명하고 홀로코스트를 인식하는 데 수많은 기여를 해 왔다.

우선은 흔적을 확인하는 데 쓰이고, 다음으로는 일어난 일을 묘사하는 데 쓰이는 연구들과 사료들이 많이 있지만, 그럼에도 불구하고 그 범죄의 원인과 목표를 설명하는 과제는 여전히 역사가들에게 남겨져 있다. 홀로코스트는 반유대주의 이데올로기와 게르만 민족의 우월함의 논리적인, 따라서 선험적으로 추구된 결과였는가? 아니면 인구 이동을 전제하고 특정한 주민들의 절멸을 전략의 일부로 간주한 합리적 계산에 따른 권력 정치의 일부였는가? 유대인 학살은 처음부터 히틀러의 의도였는가? 아니면 나치 통치의 급진화의 결과였는가? 아니면 단순히 여러 가능성들의 결과였는가? 홀로코스트의 사실들에 대한 의심은 결코 있을 수 없고, 인류의 도덕과 이성을 위해 진상 규명을 위한 모색은 계속될 것이다.

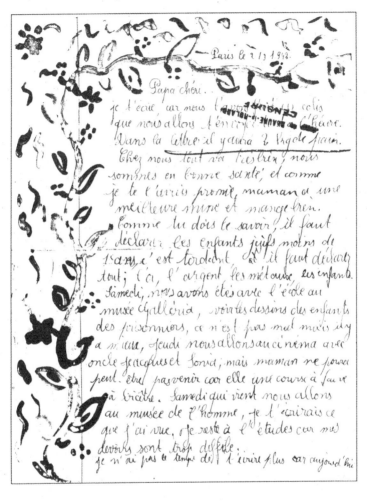

추천 문헌

홀로코스트라는 주제를 다루는 책자들은 한눈에 다 파악할 수 없을 정도로 그 수가 많고, 지금도 꾸준히 늘어나고 있다. 아래에서 제시하는 책자들은 지금까지 다루어 온 주제의 여러 측면들에 대해서뿐만 아니라 계속적으로 제기되는 특정한 문제 제기들에 대한 방향 모색을 가능하게 해 줄 것이다. 그리고 여기에 제시된 기록들과 사료집들은 사례로써 다른 것들에 대신한다.

Götz Aly, „Endlösung". Völkerverschiebung und der Mord an den europäischen Juden, Frankfurt a. M. 1995. 경제적이고 인구학적인 계획에 따른 홀로코스트의 합리성을 증명한 인상적인 시도이다.

Wolfgang Benz (Hrsg.), Dimension des Völkermords. Die Zahl der jüdischen Opfer des Nationalsozialismus, München 1991. 지역 연구들을 밑바탕으로 홀로코스트의 희생자에 대한 총 대차 대조표이며, 사료 및 방법론의 문제에 대한 설명이 덧보태어져 있다.

Richard Breitman, Der Architekt der „Endlösung": Himmler und die Vernichtung der europäischen Juden, Paderborn 1996. 홀로코스트의 최종 결정과 실행에서 차지하는 히믈러의 몫에 대한 상세한 연구이다.

Christopher Browning, Ganz normale Männer. Das Reserve-Polizeibataillon 101 und die „Endlösung" in Polen, Reinbek 1993. 1942 ~1943년에 이루어진 한 경찰 부대의 투입에 관한 사실을 재구성한 책이다. 동시에 가해자의 심리에 대한 훌륭한 사례 연구가 돋보인다.

Hans Buchheim/Martin Broszat/Hans-Adolf Jacobsen/Helmut Krausnick, Anatomie des SS-Staates, 2 Bände Olten und Freiburg i. Br.

1965. 뮌헨의 현대사 연구소가 아우슈비츠 재판에 제출한 전문 의견서이
다. 유대인 박해Krausnick, 집단 수용소의 시스템Broszat, 지배 도구였던
친위대Buchheim와 소비에트 연방의 전쟁 포로들에 대한 집단 사형 집
행Jacobsen에 대한 사료에 충실한 각각의 설명들은 아직도 유효하다.

Philippe Burrin, Hitler und die Juden. Die Entscheidung für den
Völkermord, Frankfurt a. M. 1993. 1941년 가을, 유대인 학살을 결정한
히틀러의 이데올로기적 전제들과 동기에 대한 연구서이다.

Danuta Czech, Kalendarium der Ereignisse im Konzentrationslager
Auschwitz-Birkenau 1939-1945, Reinbek 1989. 1차 문서들과 다른 사
료들을 이용하여 쓴 절멸 수용소의 연대기이다.

Barbara Distel (Hrsg.), Frauen im Holocaust, Gerlingen 2001. 여태까지
다루어지지 못한 주제를 여러 측면에서 조명해 낸 논문 모음집이다.

Enzyklopädie des Holocaust. Die Verfolgung und Ermordung der
europäischen Juden, hrsg. von Eberhard Jäckel, Peter Longerich,
Julius H. Schoeps (Hauptherausgeber Israel Gutman), Berlin 1993. 많
은 오기와 실수 때문에 유감스럽게도 사용 가치가 상당히 떨어지는 연구
서이다.

„Es gibt nur eines für das Judentum: Vernichtung". Das Judenbild in
deutschen Soldatenbriefen 1939-1944, hrsg. von Walter Manoschek,
Hamburg 1995. 광적인 유대인 증오가 나치즘의 세계관에 입각해 있던
엘리트 군단인 친위대에 국한되지 않았다는 것을 증명한 자료집이다.

Christian Gerlach, Kalkulierte Morde. Die deutsche Wirtschaft- und
Vernichtungspolitik in Weißrußland 1941 bis 1944, Hamburg 1999. 민
족 학살과 관련해 대단히 중요한 지역에 대한 기념비적인 사례 연구이다.

Richard Glazar, Die Falle mit dem grünen Zaun. Überleben in
Treblinka, Frankfurt a. M. 1992. 얼마 되지 않는 생존자 중 한 사람이 절
멸 수용소와 홀로코스트의 방식, 1943년 수감자들의 봉기에 대한 쓴 자
서전적인 보고서이다.

Ulrich Herbert (Hrsg.), National sozialistische Vernichtungspolitik
1939-1945. Neue Forschungen und Kontroversen, Frankfurt a. M.

1998. 지역사를 밑바탕으로 현재까지 이루어진 연구 현황을 중간 정리한 연구서이다.

Raul Hilberg, Die Vernichtung der europäischen Juden, 3 Bde. Frankfurt a. M. 1990. 이 주제에 관한 가장 중요하고 가장 사실에 충실한 모범적 연구이다.

Eberhard Jäckel/Jürgen Rohwer (Hrsg.), Der Mord an den Juden im Zweiten Weltkrieg. Entschlußbildung und Verwirklichung, Stuttgart 1985. 학술회의에서 발표된 연구 논문들과 토론 기고문들로 민족 학살에 대한 계획과 절차(학살 원흉 히틀러와 그가 개입한 시점)에 대한 논쟁적인 입장들이 함께 실려 있는 책자이다.

Ernst Klee, Auschwitz, die NS-Medizin und ihre Opfer, Frankfurt a. M. 1997. 의학과 인구정책, 인종주의와의 상관성을 증명한 연구이다.

Eugen Kogon/Hermann Langbein/Adalbert Rückerl u.a. (Hrsg.), Nationalsozialistische Massentötungen durch Giftgas. Eine Dokumentation, Frankfurt a. M. 1983. 홀로코스트에서 일어난 가스 살인과 관련된 모든 문제들을 섭렵한 국제 연구팀의 상세한 연구이다.

Kommandant in Auschwitz. Autobiographische Aufzeichnungen von Rudolf Höss. Eingeleitet und kommentiert von Martin Broszat, Stuttgart 1958. 재판받는 동안 1946~1947년 크라쿠프의 감옥에서 생을 마감한 집단 수용소 명령권자의 삶과 경력에 대한 기록이다. 학살 과정에 대한 상세한 설명을 찾아볼 수 있다.

Helmut Krausnick/Hans-Heinrich Wilhelm, Die Truppe des Weltanschauungskrieges. Die Einsatzgruppen der Sicherheitspolizei und des SD 1938-1942, Stuttgart 1981. 독일군의 조직과 상태에 대한 세밀한 묘사와 A 특수 부대의 행동에 대한 사례 연구이다.

Hermann Langbein, ... nicht wie die Schafe zur Schlachtbank. Widerstand in den nationalsozialistischen Konzentrationslagern 1938-1943, Frankfurt a. M. 1980. 집단 수용소와 절멸 수용소에서의 저항에 대해 낱낱이 조사하여 자료집으로 만든 연구서이다.

Primo Levi, Ist das ein Mensch? Erinnerungen an Auschwitz, Frankfurt

a. M. 1979. 아우슈비츠에서의 노동 수감자의 삶에 대한 문학적인 증언서로 1958년에 이탈리아 어로 먼저 출판되었다.

Josef Marszalek, Majdanek, Geschichte und Wirklichkeit des Vernichtungslagers, Reinbek 1982. 루블린-마이다네크 수용소를 사실에 충실하고 좋은 자료들에 입각하여 묘사한 점이 돋보인다.

Peter Novik, Nach dem Holocaust. Der Umgang mit dem Massenmord, Sttutgart, München 2001. 홀로코스트가 미국의 정치 문화에서 갖는 의미를 진지하게 비판 분석한 연구이다.

Miklos Nyiszli, Im Jenseits der Menschlichkeit. Ein Gerichtsmediziner in Auschwitz, Berlin 1992. 아우슈비츠 가스실에 배치되었던 수감자 특공대의 한 대원이 1946년에 쓴 자서전적인 보고서이다.

Kurt Pätzold/Erika Schwarz, Tagesordnung: Judenmord. Die Wannseekonferenz am 20. Januar 1942. Eine Dokumentation zur Organisation der Endlösung, Berlin 1992. 반제 회의의 전사(前史)와 전개 과정, 결과에 대한 연구서로 참석자들에 대한 자료와 경력을 덧붙여 놓았다.

Dieter Pohl, Nationalsozialistische Judenverfolgung in Ostgalizien 1941–1944. Organisation und Durchführung eines staatlichen Massenverbrechens, München 1996. 폴란드와 우크라이나 문서 보관소에서 여태까지 알려지지 않은 자료로 작업한 지역 연구서이다.

Adalbert Rückerl (Hrsg.), NS-Vernichtungslager im Spiegel deutscher Strafprozesse. Belzec. Sobibor. Treblinka. Chelmo, München 1977. 독일의 배심 재판의 결과로 나온, 민족 학살의 일상을 조명해 낸 문서들과 자료들을 묶은 책자이다.

Hans Safrian, Eichmann und seine Gehilfen, Frankfurt a. M. 1995. 민족 학살의 가해자들의 경력에 대한 연구서이다.

Thomas Sandkühler, „Endlösung" in Galizien. Der Judenmord in Ostpolen und die Rettungsinitiativen von Berthold Beitz 1941–1944, Bonn 1996. '최종 해결'에서의 시민 관청의 역할과 몇몇 사람들의 행동 반경에 대한 중요한 지역 연구서이다.

„Schöne Zeiten". Judenmord aus der Sicht der Täter und Gaffer, hrsg. von Ernst Klee, Willi Dreßen, Volker Rieß, Frankfurt a. M. 1988. 가해자의 시각에서 바라본 홀로코스트에 대한 자료집이다. 루트비히스부르크의 주 사법 행정 중앙 부서에 있는 문서들도 함께 실려 있다.

Rolf Steininger (Hrsg.), Der Umgang mit dem Holocaust. Europa-USA-Israel, Wien, Köln, Weimar 1994. 홀로코스트가 미친 국제적인 영향에 대한 역사와 그에 대한 연구 난제들에 관한 논문집이다.

Im Warschauer Getto. Das Tagebuch des Adam Czerniakow 1939-1942, München 1986. 게슈타포 지배 하의 게토의 일상을 메모한 바르샤바 유대인 회의의 의장이 쓴 일기장이다.

아울러 홀로코스트 생존자의 증언 비디오와 육성 녹음테이프가 있다.

Erinnern als Vermächtnis. Berichte über Verfolgung und Alltag im Nationalsozialismus. Eine audio-visuelle Reihe des Zentrums für Antisemitismusforschung, Berlin 1995. 여기에는 Richard Glazar, Flucht aus Treblinka와 Max Mannheimer, Überleben in Auschwitz가 담겨져 있다.

인명 색인

지명 색인

옮긴이의 말

최근 노먼 핀켈슈타인이 《홀로코스트 산업》이란 책에서 홀로코스트의 문화 상품화 경향을 신랄하게 지적할 만큼, 홀로코스트에 관한 이야기는 실제로 '산업화' 국면에 진입했고 계속 '대량 생산과 대량 소비의 시대'로 나아갈 추세다. '홀로코스트 산업'은 그러나 '악덕 기업'의 이미지와 결코 동일시될 수 없다는 점을 되새겨 볼 때, 이것은 홀로코스트의 피해 당사자들 혹은 그 후손들의 숨가쁜 '역사 투쟁'으로 읽혀져야 되지 않을까. 아울러 독일인으로서 홀로코스트에 대한 연구를 묵묵히 진행하고 있는 몇몇 '장인들'의 작업 또한, '유대인 대학살'이란 만행으로 치달은 독일의 과거를 진지하게 반성하고 그 사건의 역사적 위상을 올곧게 자리 매김 하려는 독일인들의 '역사 투쟁'으로 읽혀져야 한다. 독일 역사가 볼프강 벤츠 교수의 《홀로코스트》라는 책자에 우리의 시선을 집중할 필요성도 바로 이런 맥락에서 제기된다고 하겠다.

1995년 출간된 볼프강 벤츠 교수의 책 《홀로코스트》는 2001년에 벌써 5판을 찍어 낼 만큼 독자들로부터 대단히 좋은 반응을 얻고 있다. 이러한 반응은 먼저 이 책자가 갖춘 간결하면서도 일관된 서술 방식에서 비롯된 것 같다. 기존의 방대한 분량의 연구서들과는 달리 애초부터 대중서를 지향한《홀로코스트》는 크게 나누면 두 부분으로 나눌 수 있다.

먼저 1장에서 5장까지는 "유대인 문제의 최종 해결"의 전(前) 단계인데, 1942년 1월 20일 반제 회의, 독일 유대인과 나치즘, 독일 유대인의 배제와 차별, 독일 유대인의 국외 이주, 독일 유대인의 법적 권리 박탈에 관해 서술되어 있다. 그 다음 부분인 6장에서 12장까지는 "유대인 문제의 최종 해결"의 본격적인 실행 단계인데, 동유럽 점령 지구의 게토들, 반유대주의에서 민족 학살로, 동유럽에서의 학살과 특수 부대 및 살인 특공대, 독일 유대인의 강제 이송, 테레지엔슈타트, 신티와 로마 민족 학살, 아우슈비츠 대학살이 그 내용이다. 그런데 무엇보다도 당시 사건의 가해자들과 피해자들, 그리고 목격자들의 진술과 증언을 자신의 주장을 입증하는 자료로 사용하고 있다는 점에서, 그의 주장의 사실성이 높아짐은 물론이고 책을 읽는 동안의 긴장을 한결같이 유지할 수 있어서 좋다.

다음으로 내용상 돋보이는 점을 간단히 세 가지만 지적하여 보자.

첫째, 1933년 7월에 건설된 '독일 유대인 문화 연맹'을 통한 "문화 게토"에 대한 분석이다. 1933년 1월 히틀러가 제국 수상에 임명되면서부터 나치들의 반유대주의 성향이 노골화되자, 독일 유대인들은 자치적인 문화 단체를 만들었고, 그 속에서 잠시나마 휴식과 위안을 찾을 수 있었다고 한다. 이것은 더 나아가 나치의 유대인 정책에 맞선 유대인들의 '문화적 저항'이라는 코드로 읽힌다는 점에서 더욱 중요한 의미를 갖는다고 할 수 있다. 결국 이러한 분석은 나치 체제 하에서의 유대인들의 문화적 일상에 대한 그림을 보여 준다는 점에서 돋보인다고 할 만하다.

둘째, 나치들이 "집시"라고 불렀던 사람들, 곧 신티와 로마 사람들에 대한 또 하나의 민족 학살을 지적했다는 점이다. 이제까지의 홀로코스트 연구들에서 '집시'에 관한 이야기가 거의 언급되지 않았다는 점을 감안해 본다면, 조그마한 책자가 갖는 분량상의 한계 속에서도 신티와 로마에 대한 대학살의 실상을 간략하나마 상세하게 전해 주어서 더욱 돋보인다.

마지막으로 셋째, 독일의 보통 사람들이 홀로코스트에 대해 과연 얼마나 알고 있었을까라는 민감한 문제에 대해 벤츠 교수가 아주 분명한 입장을 표명하고 있다는 점에서, 저자의 투명한 문제 의식을 들여다볼 수 있어서 더더욱 좋다. 그에 따르면, 독일 사람들은 여러 통로를 통해 동부 지역에서 자행되던 민족 학살에 대해 많든 적든 분명히 알고 있었다고 한다. 이것은 자신의 신변을 보호하기 위해 침묵이나 거짓말로 일관해 온 독일 사람들에 대한 선지자적 비판과도 같다. 그리고 끝으로 그는 "홀로코스트의 사실들에 대한 의심은 결코 가능하지 않으며" "인류의 도덕과 이성을 위해 진상 규명에 대한 모색은 계속될 것"이라고 마무리한다.

1980년 5월 광주. "광주 사태"와 "광주 민중 항쟁" 간의 '이름 싸움'에서 승리한 쪽은 승리감에 도취한 듯 선뜻 '용서와 화해'를 약속했다. 영화 〈박하사탕〉도 "영호처럼 지배 권력의 폭력으로부터 희생당한 사람들의 슬픈 삶은 광주의 역사가 아닌가?"라는 맥락에서 읽히면서, '가해자들의 가련한 운명' 운운하는 기만적인 분위기를 조성하는 데 주도적인 역할을 했다. 그 다음은 과연 뭘까? 이러다가 머지않아 우리도 "80년 광주는 없었다"는 막말을 듣게 되지나 않을까. 하여, 피로 얼룩진 빛고을 광주를 위한 '역사 투쟁'은 바로 지금 여기서 다시 시작되어야 한다. 광·주·대·학·살!

'광주 대학살'에 대한 새로운 역사적 조명이 다시 시작되어야 하지 않을까 하는 바람과, '유대인 대학살'에 대해 알려 주는 우리 말 책자가 거의 없는 현실에 대한 전공자로서의 반성에 따라, 또 하나의 번역서를 조심스레 내놓는다. 이 두 가지 역사적 사건이 어떻게 서로 비교 검토될 수 있을까 하는 물음은 차치하더라도, 독일에서 '유대인 대학살'을 연구하고 있는 대표적인 역사가인 벤츠 교수의 역사 서술 방식을 들여다봄으로써 '광주 대학살'이란 역사적 사건을 접근하는 우리 나름대로의 방식을 모색하는 데 조금이나마 도움이 되었으면 한다.

이 자그마한 책자를 번역하면서 안효상 님에게서 정말 많은 도움을 받았다. 이 책이 만일 좋은 반응과 평가를 얻게 된다면, 그것은 모두 그분의 덕분이다. 이 자리를 빌려 깊은 감사의 마음을 전한다. 아울러 여전히 어려운 사정에도 불구하고 이 책자의 출판을 흔쾌히 맡아 준 '지식의 풍경'에도, 역자의 투박한 원고를 깔끔하게 손질해 준 임영근 사장님과 정미은 님에게도, 그리고 바쁜 가운데도 역자를 위해 한국어판 서문을 전해 준 벤츠 교수께도 고마움을 전한다. 끝으로 변함없이 물심양면으로 유학 생활을 지원해 주시는 부산과 김포의 부모님들과 형제들, 그리고 한결같은 사

랑으로 곁에서 늘 함께 하던 아내 정은과 아들 고운에게도 서울에
서의 행복한 나날을 소망하며, 멀리서나마 이 자그마한 결실을 사
랑으로 전한다.

2002년 뜨거운 여름, 베를린에서

최용찬

참고 1 **지도**: 주요 학살 수용소

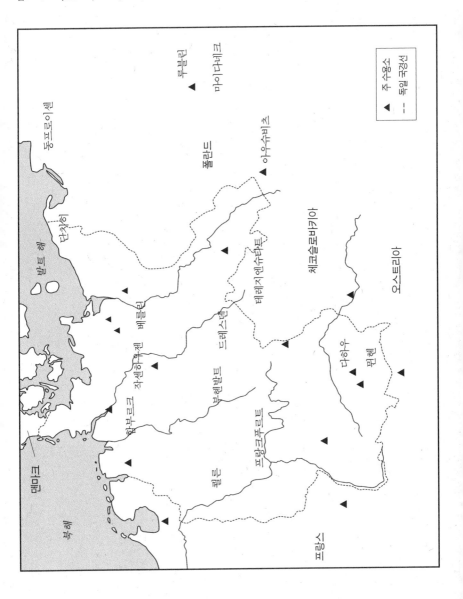

참고 2 **친위대의 계급 체계**

Reichsführer-SS	SS 총사령관
SS-Oberstgruppenführer und Generaloberst der Waffen-SS	상급 대장
SS-Obergruppenführer und General der Waffen-SS	대장
SS-Gruppenführer und Generalleutnant der Waffen-SS	중장
SS-Brigadeführer und Generalmajor der Waffen-SS	소장
SS-Oberführer	상급 대령
SS-Standartenführer	대령
SS-Obersturmbannführer	중령
SS-Sturmbannführer	소령
SS-Hauptsturmführer	대위
SS-Obersturmführer	중위
SS-Untersturmführer	소위

홀로코스트

지은이 • 볼프강 벤츠 │ 옮긴이 • 최용찬 │ 발행인 • 임영근 │ 초판 1쇄 발행 • 2002년 12월 4일 │ 펴낸곳 • 도서출판 지식의 풍경 │ 주소 • 서울시 관악구 신림 5동 1445-2 (151-891) │ 전화번호 • 887-4072(편집), 874-1470(영업), 878-7906(팩스) │ E-mail • vistabooks@hanmail.net │ 등록번호 • 제15-414호 (1999. 5. 27.)

값 8,000원   ISBN 89 - 89047 - 09 - 2   03920